찰스 디킨스의
예수 이야기

The Life of Our Lord
written for his children during the years
1846 to 1849
by
Charles Dickens

First Published in 1934
by
Associated Newspapers Ltd(London)
Simon and Schuster(New York)

찰스 디킨스의 예수 이야기

The Life
of Our Lord

Charles Dickens

민혜숙 옮김

이른비

초판 서문
(마리 디킨스)

이 책은 마지막으로 출판된 찰스 디킨스의 작품이며, 그동안 디킨스가 썼던 다른 모든 작품들과는 완전히 구별되는 개인적인 관심사와 목적을 가지고 있다.

신을 주제로 한 것과는 별개로, 이 원고는 작가에게 특별히 사적인 것이다. 그리고 그의 정신을 드러내는 것이라기보다 그의 마음과 인간애, 또한 당연히 주님에 대한 그의 깊은 헌신을 보여주는 것이다.

이 원고는 디킨스가 사망하기 21년 전인 1849년에, 특별히 그의 자녀들을 위해 쓰여졌다.

이 소박한 원고는 온전히 친필로 작성되었으며, 어떤 의

미에서도 정서한 원고가 아니라 자연스러운 초고라 할 수 있다. 원고의 개성을 살리기 위해, 이 책은 모든 세세한 것까지 원고를 충실히 따랐다. 그래서 대문자의 다양한 사용과 여러 특이한 점들이 보이는 것이다.

찰스 디킨스는 자녀들에게 자주 복음서 이야기를 들려주었고, 또한 자녀들에게 보내는 편지에 주님의 예를 자주 언급했다.

『예수 이야기』The Life of Our Lord는 출판할 생각 없이, 그의 가족이 아버지의 생각을 영구적인 기록으로 남길 수 있도록 하기 위해 집필된 것이다.

디킨스가 사망한 후에, 이 원고는 그의 처제인 조지나 호가스* 양의 소유로 남았다.

1917년 그녀가 사망한 후, 원고는 헨리 필딩 디킨스† 경

---

* 조지나 호가스(Georgina Hogarth, 1827~1917)는 디킨스의 아내 캐서린(Catherine [Hogarth] Dickens, 1815~1879)의 여동생으로 열다섯 살에 디킨스 가에 들어와 집안일과 자녀 양육을 도왔다. 디킨스 사후에도 그의 아이들에게 헌신적이었고 디킨스의 명성을 유지하기 위해 노력했다.

† 헨리 필딩 디킨스(Henry Fielding [Harry] Dickens, 1849~1933)는 디킨스의 여덟 번째 자녀로 이름은 작가 헨리 필딩에서 따왔다. 케임브리지에서 교육을 받은

이 물려받았다.

찰스 디킨스는 출판을 위해서가 아니라 자녀들에게 가장 적합하다고 생각한 방식으로 『예수 이야기』를 썼다는 점을 분명히 했다. 그의 아들 헨리 경은 자기가 살아 있는 동안 이 작품을 출판하는 것에 반대했지만, 사후에 출판을 보류해야 할 이유는 없다고 생각했다.

헨리 경의 유언장에는, 그의 가족 대다수가 출판에 찬성한다면 『예수 이야기』를 세상에 내놓아야 한다고 명시되어 있다. 이 책은 1934년 3월에 연재 형식으로 처음 출판되었다.*

1934년 4월

마리 디킨스†

가장 성공한 아들로서 변호사와 판사가 되었고, 1922년에 기사 작위를 받았다.

* 1934년 5월, 정식 단행본으로 출간되기 전에 신문에 먼저 발표된 것을 말한다. 1934년 3월 5일부터 3월 17일까지 『런던 데일리 메일』에 연재되었고, 국제적으로도 배포되어 미국에서는 거의 200여 개 신문에 동시 게재되었다

† 마리 디킨스(Marie Dickens, 1851~1940)는 본명이 마리 테레즈 로시(Marie Therese Roche)다. 찰스 디킨스의 며느리로 그의 아들 헨리 필딩 디킨스와 1876년에 결혼하여 일곱 명의 자녀를 두었다.

초판 서문
(미국판)

찰스 디킨스는 사랑하는 자녀들을 위해 『예수 이야기』를 집필했다.

그는 1846에서 1849년 사이에 아이들의 눈높이에 — 오로지 자녀들의 눈높이에 — 맞춰 직접 자기 손으로 원고를 썼다. 그때는 『크리스마스 캐럴』을 발표한 지 3년 후였고, 장편 소설 『데이비드 코퍼필드』를 완성하던 무렵이었다.

디킨스가 예수님의 삶에 관한 이 짧은 이야기를 쓰고, 일반 독자들에게 공개하기를 보류한 이유는 그가 쓴 글에 가장 잘 나타나 있다.

디킨스는 뇌졸중으로 쓰러진 다음 날 사망했는데,* 뇌를

덮친 그 공격이 있기 몇 시간 전에 존 메이컴John M. Makeham에게 편지를 썼다. 메이컴은 『에드윈 드루드의 미스터리The Mystery of Edwin Drood』†의 몇몇 구절이 불경스럽다고 비난했던 인물이다. 그 편지의 마지막 단락 — 아마 디킨스가 쓴 마지막 글 — 에는 이런 내용이 기록되어 있었다.

"저는 언제나 제 작품에서 주님의 삶과 가르침에 대해 존경을 표현하고자 애써왔습니다. 제가 그런 감정을 느꼈고, 아이들을 위해 그분의 이야기를 다시 썼기 때문입니다. 아이들 모두 제가 해준 그 이야기를 반복해서 들었기 때문에, 그들은 글을 읽기 훨씬 전부터, 그리고 겨우 말을 하게 되었을 때 이미 그 이야기를 알고 있었습니다. 그러나 저는 그 이야기를 결코 세상에 퍼뜨린 적이 없습니다."

이 책의 원고 일부는 스위스에서 작성되었다. 1946년 6월 28일, 디킨스는 로잔에서 딸 메이미‡에게 편지했다.

---

* 1870년 6월 8일 수요일, 디킨스는 저녁 식사 후 뇌졸중으로 쓰러져 의식을 잃었고 다음 날 사망했다.
† 1870년에 출간된 디킨스의 마지막 미완성 소설이다. 성가대 지휘자이지만 살인자로 의심받는 악한 존 재스퍼라는 인물이 나온다.

초판 서문

"써야 할 어린이 신약성경이 거의 절반은 남은 것 같구나. 나는 일에 착수했고 그 일을 했다."

1868 막내아들 에드워드*가 호주에 있는 큰형†에게 갔을 때, 찰스 디킨스는 막내에게 다음과 같이 편지했다.

"네가 챙겨간 책들 속에 신약성경을 넣어두었다. 이는 네가 어린아이였을 때 너를 위해 내가 신약성경을 쉽게 설명하려고 글을 썼던 이유 그리고 소망과 똑같은 것이란다. 성경은 지금까지 세상에 알려졌거나 앞으로 알려질 최고의 책이다."

찰스 디킨스는 생전에 『예수 이야기』의 출판을 허락하

---

‡ 메리 디킨스(Mary [Mamie] Dickens, 1838~1896)는 디킨스의 두 번째 자녀로 결혼하지 않은 채 아버지 곁에 머물렀다. 디킨스의 서간집 편집을 도왔고, 아버지에 관한 두 권의 책을 출판했다.

* 에드워드 디킨스(Edward Bulwer Lytton [Plorn] Dickens, 1852~1902)는 디킨스의 열 명의 자녀 가운데 막내다. 열여섯 살에 호주로 이민을 가서 훗날 뉴사우스웨일스주의 국회의원이 되었다.

† 앨프레드 디킨스(Alfred D'Orsay Tennyson Dickens, 1845~1912)는 디킨스의 여섯 번째 자녀로 1865년 호주로 이주하여 45년 동안 머물렀다. 훗날 그는 영국과 미국에서 아버지의 삶과 작품에 대해 강의했다.

지 않았다. 그는 틀림없이 이 원고를 자신의 아이들에게 보낸 사적인 편지라고 생각했기 때문이다. 그리고 그처럼 사사로운 문서를 대중에게 드러내면, 그의 가장 깊은 종교적 신념이 공격받을 수도 있고, 방어해야 할 일이 필연적으로 따라올 것을 우려했기 때문이다. 어느 성직자에게 보낸 편지에서 디킨스는 말했다.

"신약성서를 저보다 더 겸손히 경외하거나, 또는 신약성서의 완전성을 저보다 더 깊이 확신하는 사람은 많지 않으리라 생각합니다. …제가 기록한 주님의 생애가 수십만 명에게서 '성령'을 몰아낸다는 '그 편지'에 대해 보기 흉하게 다투지 않으려고 자제하고 있습니다. 그러나 말로 표현할 수 없는 두려움과 공포에 사로잡히게 됩니다."

그의 처제인 조지나 호가스는 필즈James T. Fields 부인에게 보낸 편지에서, 찰스 디킨스가 『예수 이야기』에 대해 어떤 태도를 취했는지 다음과 같이 기록했다.

"디킨스가 자녀들을 위해 쓴 이 작고 아름다운 신약성경에 대해 이제 말해야겠어요. 유감스럽게도 그것은 절대 출판되지 않을 것 같네요. …디킨스는 수년 전, 큰 아이들이 아주 어릴 때 원고를 집필했어요. 주로 누가복음을 각색한 것으로 16개의* 짧은 장들로 구성되어 있지요. 그것은 가장 아름답고 감동적이며, 그런 이야기가 마땅히 그래야 하듯이 아주 단순하답니다. 디킨스는 결코 이것을 인쇄하지 않았고, 저는 아이들이 스스로 읽고 쓸 수 있을 만큼 충분히 나이가 들기 전까지 어린 그들에게 원고 상태로 읽어주곤 했어요. …저는 찰스에게 그것을 출판하지 않더라도, 어쨌든 개인적으로 돌려보기 위해서라도 인쇄하는 것이 좋지 않겠냐고 물었죠. 그는 원고를 검토해보고 한두 주 정도 생각해보겠다고 했지요. 그리고 그 기간이 다 됐을 때, 내게 원고를 돌려주며 출판하는 것은 물론 개인적으로 인쇄하는 것조차 하지 않겠다고 했지요. 그는 제가 페기Peggy(디킨스 부인)나 그의 자녀 누구든 한 사람을 위해서는 사본을 만들 수 있지만, 그 외에는 아무에게도 안 된다고 말했어요. 그는 우리가 원고나 그 사본을 집 밖으로

---

* 1934년에 발행된 초판은 11개의 장으로 되어 있다.

가져나가 누구에게도 넘겨주지 말 것을 당부했죠. 그러니 이 문제에 관한 그의 확고한 의지를 의심할 여지가 없었고, 우리는 그의 뜻에 따라야 했어요. …그가 사망한 후, 원본 원고는 저의 소유가 되었고, … 제게 남겨진 디킨스의 개인적인 문서들 가운데 하나가 되었지요. 그래서 저는 그 원고를 즉시 그의 딸 메이미에게 주었는데, 그녀가 가장 자연스럽고 적합한 소유자라고 생각했거든요."

『예수 이야기』를 완성했을 때, 디킨스에게는 여덟 명의 자녀가 있었다. 장남 찰스 주니어*는 1837년에 태어났고, 막내 헨리 필딩†은 1849년 1월에 태어났으며, 시드니‡는 두

---

* 찰스 디킨스 주니어(Charles Dickens Jr., 1837~1896)는 '찰리'(Charley)로 불렸으며 이튼에서 교육을 받았고 독일에서 경영학을 공부했다. 아버지 디킨스가 창간한 주간지 『올 더 이어 라운드』(All the Year Round)의 편집을 도왔고 사업도 물려받았다.
† 헨리 필딩은 디킨스의 열 명의 자녀 가운데 여덟 번째였지만 『예수 이야기』가 완성될 시점에는 막내였다.
‡ 시드니 디킨스(Sydney Smith Haldimand Dickens, 1847~1872)는 디킨스의 일곱 번째 자녀로 이른 나이에 해군 장교가 되어 부모를 기쁘게 했다. 하지만 빚 문제로 걱정을 끼치기도 했다. 작고 허약한 몸으로 열병에 걸려 복무하던 선상에서 죽은 뒤 인도양 바다에 묻혔다.

살이었다. 그러나 네 살에서 열두 살에 이르는 다른 자녀들은 자기 생각을 분명히 표현하고 호기심도 많은 나이였다. 디킨스는 종교와 신앙에 대해 아이들이 하는 질문에 답해주기 위해서 예수 그리스도의 생애에 관한 이 소박한 이야기를 쓰고자 결심했다.

그 결과로 나온 원고는 85년 동안 가족의 소중한 비밀로 신성하게 보호되었다. 조지나 호가스가 세상을 떠난 뒤에, 그 원고는 막내 헨리 필딩 디킨스의 몫으로 넘어갔다. 디킨스의 어떤 자녀라도 살아 있는 동안 그 원고를 출판해서는 안 된다는 경고와 함께 말이다.

1933년 크리스마스 연휴 직전에 헨리 경이 런던에서 사망했다. 그는 유언장에 다음과 같이 썼다.

"아버지가 쓰신 『예수 이야기』의 원본 원고를 아내에게 주고 유증한다. 이 원고는 아버지의 유언에 따라 조지나 호가스 이모에게 유증되었고, 이모가 다음과 같은 위탁 의무에 따라 나에게 맡긴 것이다.

나는 아버지의 아들이기 때문에, 이 원고를 출판하지 말라고 하신 아버지의 뜻을 따르지 않을 수 없다고 생각했다. 하지만 나의 그런 견해로 자녀들을 속박하는 것은 옳지 않다고 생각한다. 특히, 출판에 반대하는 어떤 구체적인 금지명령도 찾을 수 없기 때문이다.

따라서 나는 아내와 자녀들에게 나의 어떤 견해에도 구애받지 말고 이 문제에 대해 고려해볼 것을 명한다. 만약 가족의 다수가 이 원고를 출판하지 않기로 정한다면, 나는 아내에게 통상의 조건에 따라 대영박물관의 위탁 관리인에게 이 원고를 맡길 것을 명한다. 그러나 만약 가족 다수가 출판해야 한다고 결정한다면, 아내는 원고를 똑같은 위탁으로 판매하여 거기서 얻은 순익을 아내와 모든 자녀가 균등하게 나누어 가질 것을 명한다."

헨리 경의 미망인과 자녀들은 다수의 결정으로 출판 허가권을 얻었다. 이렇게 하여 찰스 디킨스의 『예수 이야기』는 세상에 나오게 되었다.

편집부
(사이먼 앤 슈스터, 1934)

차례

초판 서문(마리 디킨스)	005
초판 서문(미국판)	008
아들에게 보내는 편지	019
제 1 장	025
제 2 장	035
제 3 장	045
제 4 장	057
제 5 장	067
제 6 장	079
제 7 장	091
제 8 장	109
제 9 장	121
제10장	129
제11장	141
찰스 디킨스가 자녀들을 위해 쓴 기도문	164
아이의 마음으로 예수를 읽다	167

일러두기

* 번역은 사이먼 앤 슈스터판(Simon & Schuster, 1934년 초판)과 콜린스판(Collins Clear-Type Press, 1970년 찰스 디킨스 사후 100주년 기념판)을 대본으로 삼았다.
* 본문에 귀스타브 도레(Gustave Doré, 1832~1883)의 아름다운 성경 삽화를 수록했다. 디킨스의 이 원고가 1934년 3월 신문 연재로 최초 발표되었을 때, 많은 신문이 이 삽화를 실었다.
* 각주는 모두 옮긴이 주이며, 대괄호[ ]로 묶은 부분은 문맥의 이해를 돕기 위해 성경을 참조해 옮긴이가 간략히 보충한 것이다.
* 원서의 볼드체나 이탤릭체는 굵게 표시했다.
* 성경은 쉬운 현대어로 번역된 『성경전서 새번역』을 주로 참조했다.

아들에게 보내는 편지[*]

사랑하는 플론에게.

오늘 이 편지를 쓰는 이유는 네가 떠나는 것이 못내 마음에 걸리고, 조용한 시간에 이따금 생각해 볼 수 있는 이별의 말을 네게 남기고 싶었기 때문이란다. 내가 너를 몹시 사랑한다는 것은 굳이 말할 필요도 없겠으나, 너와 헤어지게 되어 너무나, 너무나 섭섭하구나. 하지만 인생의 절반은 이별로 이루어져 있다고 하니, 이별의 아픔을

---

[*] 1868년 9월 26일, 디킨스가 호주로 떠나는 열여섯 살 막내아들 에드워드 플론에게 쓴 편지다.

감수해야만 하겠지. 네가 스스로에게 가장 어울리는 삶을 찾기 위해 노력하리라고 확신하고, 그것은 나에게 큰 위안이 된단다. 이제까지 해온 연구실이나 사무실에서의 어떤 실험보다 자유로움과 야성이 네게 더 잘 어울린다고 생각한다. 그리고 그런 훈련이 없다면 다른 적합한 직업을 가질 수도 없을 테지.

지금까지 네가 항상 원했던 것은 확고하고 꾸준하며 변함없는 목표였지. 그러므로 해야 하고, 할 수 있는 일은 무엇이든 잘 해낼 수 있도록 철저히 결심하고 인내하기를 권한다. 아빠가 처음 밥벌이를 해야 했을 때, 지금의 너보다 더 어렸지만 그런 결심을 가지고 노력했고 그 결심을 놓은 적이 없단다.

어떤 거래를 하더라도 누군가를 비열하게 이용하지 말고, 네 영향력 안에 있는 사람들을 절대로 모질게 대하지 말아라. 네가 남에게 대접받기를 바라는 대로 다른 사람들을 대접하려고 힘써라. 만일 간혹 다른 사람들이 그렇게 하지 않더라도 낙담하지 말아라. 우리 구세주가 주신 가장 위대한 규율을 네가 따르지 못한 것보다는 그들이 따르지 못한 것이 차라리 너에게는 훨씬 더 나은 일이란다.

네가 챙겨간 책들 속에 신약성경을 넣어두었다. 이는 네가 어린아이였을 때 너를 위해 내가 신약성경을 쉽게 설명하려고 글을 썼던 이유 그리고 소망과 똑같은 것이란다. 성경은 지금까지 세상에 알려졌거나 앞으로 알려질 최고의 책이며, 진실하고 본분에 충직하려고 노력하는 모든 인간 피조물이 지도받을 수 있는 최고의 교훈을 가르쳐주기 때문이야.

네 형들이 집을 떠나게 되었을 때, 나는 지금 네게 쓰는 것과 같은 편지를 하나씩 써주었고, 인간의 해석과 발명을 제쳐두고 그들이 모두 이 성경에 의해 스스로 인도받기를 간곡히 당부했단다.

너는 집에 있을 때 종교적인 의식이나 단순한 형식적인 일 때문에 결코 지친 적이 없음을 기억할 것이다. 나는 자녀인 너희가 스스로 그런 관습이나 형식을 존중할 나이가 되기 전에 그런 것으로 인해 지치지 않도록 늘 신경을 썼단다. 따라서 내가 지금 엄숙하게 그리스도로부터 비롯된 그리스도교의 진리와 아름다움에 대해 강한 인상을 심어 주려는 것을 너는 좀더 잘 이해할 것이다. 그리고 네가 겸손하게, 진심으로 그리스도교의 진리를 존중한다면 크게 잘못될 일은 없다는 것도 말이야.

아직 해주고 싶은 말이 하나 남아 있구나. 우리가 진심으로 진리를 느낄수록, 진리에 대해 장황하게 의견을 늘어놓지 않으려고 할 것이다. 아침과 저녁으로, 네 개인 기도를 하는 건전한 습관을 버리지 말아라. 나 역시 기도의 습관을 결코 버린 적이 없고, 그 기도가 주는 위안을 잘 알고 있단다. 내가 죽은 뒤에도 네가 언제나 자상한 아버지가 있었다고 말할 수 있기를 바란다. 네 본분을 다하는 것만큼 아버지에 대한 사랑을 잘 드러내주거나 아버지를 행복하게 해주는 방법은 없단다.

너의 사랑하는 아버지로부터

> Chapter the First.
>
> My Dear Children.
>
> I am very anxious that you should know something about the History of Jesus Christ. For everybody ought to know about Him. No one ever lived, who was so good, so kind, so gentle, and so sorry for all people who did wrong, or were in any way ill or miserable, as he was. And as he is now in Heaven, where we hope to go, and all to meet each other after we are dead, and there be happy always together, you never can think what a good place Heaven is, without knowing who he was and what he did.
>
> He was born, a long long time ago — near Two Thousand years ago — at a place called Bethlehem. His father and mother lived in a city called Nazareth, but they were forced by business to travel to Bethlehem. His father's name was Joseph, and his mother's name was Mary. And the town being very full of people, also brought there by business, there was no room for Joseph and Mary in the Inn or in any house; so they went into a Stable to lodge, and in this stable Jesus Christ was born. There was no cradle or anything of that kind there, so

**
찰스 디킨스가 손으로 쓴 『예수 이야기』 원고 첫 장.

1장

"이 아기에게
하나님의 축복이 있기를!"

내 사랑하는 아이들아*, 나는 너희가 예수 그리스도의 역사에 대해 조금이라도 알기를 간절히 바란다. 모든 사람이 그분에 대해 알아야만 하기 때문이지. 예수님처럼 그렇게 선하고, 친절하고, 온화하게 살았던 분은 없을 거야. 잘못을 저지르거나 조금이라도 아프거나 비참한 모든 이들을 그처럼 안타까워하셨던 분도 없을 거야. 예수님은 지금

---

* 디킨스는 1846년에서 1849년 사이에 『예수 이야기』를 썼고, 1837년에서 1852년 사이에 그의 열 명의 자녀가 태어났다. 이 책을 쓰기 시작했을 당시는 자녀가 여섯 명이었고, 장남 찰스는 아홉 살이었다. 디킨스는 이 나이대의 아이들에게 기독교를 소화하기 쉬운 형식으로 가르치려 했다. 그래서 이 책은 '이야기'에 명확한 강조점을 두고 집필되었으며, '어른의 말'이라 부를 수 있는 부분과 혼란을 주거나 교리적인 부분은 지양한 것을 볼 수 있다.

천국에 계신단다. 천국은 죽은 뒤에 우리가 가기를 바라는 곳이며, 모두가 서로 만나서 영원히 함께하는 행복이 있는 곳이지. 하지만 예수님이 어떤 분이셨고 무슨 일을 하셨는지 모른다면, 천국이 얼마나 좋은 곳인지 상상할 수도 없단다.

예수님은 아주 오래전 — 거의 이천여 년 전 — 베들레헴이라는 곳에서 태어나셨어. 당시 예수님의 아버지와 어머니는 나사렛이라는 마을에 살고 있었는데, [호적을 등록해야 하는] 용무가 있어 어쩔 수 없이 베들레헴으로 오게 되었단다. [당시 로마의 아우구스투스 황제가 모든 사람에게 호적을 등록해야 한다고 명령을 내렸거든.]

예수님의 아버지 이름은 요셉이고 어머니 이름은 마리아였어. 베들레헴은 호적을 하러 온 사람들로 넘쳐났기 때문에, 여관이나 가정집에도 요셉과 마리아가 묵을 방은 없었지. 그래서 그들은 허름한 숙소에 딸린 마구간으로 갔고 그곳에서 예수님이 태어나셨단다. 거기에는 요람이나 아기 침대 같은 것은 전혀 없었어. 마리아는 하는 수 없이 어여쁜 어린 아기를 말구유에 눕혔는데, 구유란 말이 먹이를 먹는 여물통이야. 아기는 구유에서 잠이 들었단다.

아기가 곤히 잠들어 있을 때, 들판에서 양을 지키던 목자들이 하나님의 천사를 보았어. 빛나고 아름다운 모습으로 천사가 들판을 가로질러 목자들에게 다가오고 있었지. 처음에는 두려워서 목자들은 엎드려 얼굴을 가렸어. 그러나 천사가 와서 말했지.

"오늘 이 근처 베들레헴이라는 동네에서 한 아기가 태어났다. 그 아기는 매우 훌륭하게 자랄 것이고, 하나님께서 그 아이를 자기 아들처럼 사랑할 것이다. 그는 사람들에게 서로 다투거나 상처 주지 말고 서로 사랑하라고 가르칠 것이다. 그의 이름은 예수 그리스도라고 할 것이며, 사람들은 그의 이름으로 기도할 것이다. 왜냐하면 하나님이 그 이름을 사랑하신다는 사실을 그들이 알게 될 것이고, 그들도 그 이름을 사랑해야 한다는 사실을 알게 될 것이기 때문이다."

**
베들레헴에서 아기 예수가 태어나다.

그 말을 한 다음, 천사는 목자들에게 그 마구간으로 가서 구유에 누인 아기를 보라고 말했지. 그래서 목자들은 천사의 말대로 했고, 구유 안에 잠든 아기 곁에 무릎을 꿇고 말했단다.

"이 아기에게 하나님의 축복이 있기를!"

[예수님이 태어날 당시 유대 지역에서] 가장 크고 중요한 도시는 예루살렘이었어 — 지금 런던이 영국에서 가장 크고 중요한 도시듯이 말이야. 그런 예루살렘에 헤롯이라 이름하는 왕이 살고 있었어. 어느 날 동방의 먼 나라에서 박사들이 찾아와서 그 왕에게 이렇게 말했단다.

"우리가 하늘에서 별 하나를 보았는데, 그 별이 베들레헴에서 한 아기가 태어나고, 그 아기는 자라서 모든 사람이 사랑하는 사람이 될 것이라고 알려주었습니다."

헤롯 왕은 못되고 악한 사람이었기 때문에 이 말을 듣자 질투가 났지. 하지만 안 그런 척하며 동방에서 온 박사들에게 물었어.

"도대체 그 아기는 어디에 있느냐?"

박사들이 대답했어.

"저희도 모릅니다. 하지만 그 별이 우리에게 알려주리라고 생각합니다. 왜냐하면 그 별이 내내 우리보다 앞서 움직이며 여기까지 왔고, 지금은 하늘에 가만히 멈춰 있으니까요."

그러자 헤롯은 그들에게 별이 아기가 사는 곳을 알려줄 수 있는지 물어보고, 만약 아기를 찾으면 자기에게 돌아와 알려달라고 명령했어. 박사들이 밖으로 나오자, 별은 다시 그들의 머리 위에서 앞서가며 길을 안내했고, 마침내 아기가 있는 집 위에 멈추었단다. 이것은 매우 놀라운 일이었지만, 모두 하나님이 그렇게 하신 거야.

별이 멈추어 서자, 박사들이 안으로 들어가서 어머니 마리아와 함께 있는 아기를 보았지. 그들은 아기를 무척 사랑스럽게 여기며 몇 가지 선물을 주었고, 그런 다음 그곳을 떠났단다. 하지만 그들은 헤롯 왕에게로 돌아가지는 않았어. 헤롯이 그렇게 말하지는 않았더라도 그들은 헤롯이 아기를 질투한다는 사실을 알고 있었기 때문이야. 그래서 그들은 밤중에 자기네 나라로 돌아갔단다. 그리고 한 천사가 와서 요셉과 마리아에게 아기를 이집트라는 나라로 빨리 데려가라고 말해주었어. 그렇지 않으면 헤롯이 아기를 죽일 거라고 했지. 그래서 한밤중에 그들과 아기도 몸을 피하여 무사히 이집트에 도착했단다.

한편, 잔인한 헤롯 왕은 박사들이 자기에게 돌아오지 않아서, 아기 예수 그리스도가 어디에 있는지 알아낼 수 없다는 것을 깨달았어. 그러자 헤롯은 군인들과 지휘관들을 불러, 자신이 다스리는 영토 안에 있는 두 살 이하의 모든 아기를 찾아내 모조리 죽이라고 명령했지. 악한 자들은 그렇게 했단다. 엄마들은 아기들을 품에 안은 채 이리저리 도망 다니고, 동굴이나 지하실에 숨겨보았지만 아무런 소용이 없었어. 칼을 든 군인들이 눈에 띄는 모든 아기를 죽였던 거야. 이 끔찍한 사건을 '무고한 살인'이라고 일컫는

**
요셉이 마리아와 예수를 이집트로 데리고 가다.

데, 천진난만한 어린 아기들은 아무 죄가 없었기 때문이야.

  헤롯 왕은 예수 그리스도가 죽은 아기들 가운데 있기를 바랐겠지만, 그렇게 되지는 않았어. 너희도 알다시피 이집트로 안전하게 피신했기 때문이야. 아기는 사악한 헤롯 왕이 죽을 때까지 아버지, 어머니와 함께 그곳에서 살았단다.

2장

"이는 나의 사랑하는 아들이요,
내가 기뻐하는 아들이니라."

헤롯 왕이 죽자, 천사가 요셉에게 다시 찾아와서 말했어. 이제 예루살렘으로 돌아가도 괜찮고 아이 때문에 두려워하지 않아도 된다고 말이야. 그래서 요셉과 마리아 그리고 아들 예수 그리스도(이들을 흔히 '성 가족'이라고 부른단다)는 예루살렘을 향해 떠났지. 하지만 도중에 헤롯 왕의 아들이 새로운 왕이 되었다는 소식을 듣고, 그 왕도 혹시 아이를 해치려는 것은 아닐까 두려웠어. 그래서 가족은 발걸음을 돌려 나사렛으로 갔고, 예수님이 열두 살이 될 때까지 거기서 살았단다.

그러던 어느 날, 요셉과 마리아는 당시 예루살렘 성전에서 열렸던 종교 축제[유월절]에 참여하려고 예루살렘으로 갔단다. 예루살렘 성전은 큰 교회나 대성당 같은 곳이라고 생각하면 될 것 같구나. 요셉과 마리아는 예수님도 데려갔어. 그리고 축제가 끝나자 나사렛의 집으로 돌아가려고 길을 떠났지. 물론 많은 친구와 이웃들도 같이 출발했어. 당시는 강도들이 무서워서 여럿이 함께 여행하곤 했지. 길이 지금처럼 안전하지도 않았고 보호받을 수도 없었기 때문이야. 여행하기가 지금보다 훨씬 더 어려웠단다.

그들은 하루 종일 여행하면서도 예수님이 함께 있지 않다는 사실을 전혀 몰랐어. 일행이 무척 많았기 때문에 예수님을 보지 못해도 무리 가운데 당연히 있으리라 생각했던 거야. [왜냐하면 당시는 걸음이 느린 아이들과 여성들을 한나절 앞서 보내기도 했거든.]

하지만 예수님이 무리에 없다는 것을 알고 길을 잃지 않았을까 걱정되었지. 요셉과 마리아는 몹시 근심하여 아이를 찾으러 예루살렘으로 돌아갔단다. 그런데 찾고 보니, 아이는 성전에 앉아서 박사라고 불리는 학자들과 함께 있었

**
어린 예수가 성전에서 박사들과 토론하다.

어. 예수님은 하나님의 선하심에 대하여, 그리고 하나님께 기도하는 방법에 대하여 그들과 이야기하고 있었던 거야. 그 박사들은 지금 우리가 '의사'로 알고 있는 그런 사람들이 아니야. 다시 말해 아픈 이들을 돌보는 사람이 아니라 학자이자 현명한 사람이지. 그들에게 한 말씀과 질문에서 예수님의 깊은 식견이 드러났기 때문에 그들은 모두 깜짝 놀랐어.

예수님은 요셉과 마리아와 함께 나사렛 고향으로 가셨고, 서른 살 또는 서른세 살*이 될 때까지 거기서 사셨단다.

당시 요한이라 이름하는 매우 선한 사람이 있었어. 그는 마리아의 사촌인 엘리사벳이라는 여인의 아들이었지. 그때의 사람들은 완악하고 폭력적이고 서로를 해치고 하나님에 대한 의무는 신경도 쓰지 않았단다. 그래서 요한은 그들을 잘 가르치기 위해 나라를 두루 돌아다니며 사람들에게 말씀을 전하고 더 나은 사람이 되라고 권면했지. 그

---

* 원문에 35세로 되어 있으나 33세로 바로잡았다.

는 자기보다 백성들을 더 사랑했기 때문에 그들에게 선행을 베풀면서도 자신에게는 신경을 쓰지 않았어. 그는 남루한 행색의 낙타 털옷을 입고 여기저기 돌아다니며, 음식으로 메뚜기를 잡아서 먹거나 벌들이 나무 구멍에 모아둔 야생 꿀을 먹고 살았단다.

너희는 런던에서 아주 멀리 떨어진 예루살렘 근방에 서식하는 메뚜기를 본 적이 없겠구나. 그래도 낙타는 본 적이 있을 거야. 모든 행사에서, 필요한 경우 낙타를 이곳까지 데리고 오곤 했으니 말이야. 너희가 보고 싶다면 아빠가 낙타를 보여주마.

어쨌든 예루살렘에서 그리 멀지 않은 곳에 강이 하나가 있었는데, 요단강이라고 불렀단다. 요한은 이 강물에서 더 나은 사람이 되리라 다짐하며 자신을 찾아오는 사람들에게 세례를 주었어. 많은 사람이 구름처럼 그에게 몰려들었지. 그러던 어느 날 예수님도 찾아오셨던 거야. 요한은 예수님을 보자 말했어.

"당신은 저보다 훨씬 더 뛰어난 분이신데, 제가 어찌 세례를 준단 말입니까!"

예수님이 대답하셨어.

"지금은 그렇게 하도록 하십시오. [이렇게 하여, 우리가 모든 의를 이루는 것이 옳습니다.]"

요한은 예수님께 세례를 주었어. 예수님이 세례를 받자 하늘이 열리고 성령이 아름다운 비둘기처럼 내려왔지. 그리고 하늘에서 하나님의 음성이 들려왔단다.

"이는 나의 사랑하는 아들이요, 내가 기뻐하는 아들이니라."

그 후에 예수 그리스도는 거칠고 고독한 광야로 가셨어. 사십 일 밤낮을 거기 머물면서 그분은 자신이 사람들에게 쓰임받을 수 있기를 기도하셨고, 더 나은 사람이 되도록 그들을 가르쳐서 죽은 뒤에는 천국에서 행복하기를 기도하셨지.

광야에서 나오시자 예수님은 병든 사람들을 고치기 시

작하셨단다. 손만 얹어도 그들의 병이 나았어. 하나님은 예수님에게 병든 사람을 고치고, 눈먼 사람을 보게 하며, 놀랍고 장엄한 일을 많이 행할 수 있는 능력을 주셨는데, 여기에 대해서는 앞으로 더 자세히 말해주마. 이것을 그리스도의 '기적'이라고 부른단다.

너희는 이 단어를 잘 기억하면 좋겠구나. 왜냐하면 내가 그 단어를 거듭 사용하게 될 것이고, 하나님의 허락과 도움 없이는 이루어질 수 없는 매우 놀라운 어떤 것을 의미한다는 사실을 너희가 알아주었으면 하기 때문이야.

예수 그리스도가 행하신 첫 번째 기적은 가나라는 마을에서 일어났단다. 예수님은 어머니와 함께 가나에서 열린 혼인 잔치에 가셨어. 그런데 잔치가 한창인데 손님들이 마실 포도주가 떨어졌지. 어머니 마리아가 예수님께 그 사정을 말했어. 하지만 그 집에는 물을 가득 채운 여섯 개의 돌 항아리만 있을 뿐이었지. 그러나 예수님은 단지 손을 들어 올리기만 하여 물을 포도주로 바꾸셨고, 그곳에 있던 모든 사람이 그 포도주를 마셨단다.

하나님이 그런 기적을 행할 능력을 주셨기 때문이야. 그리고 예수님이 그런 기적을 행하신 것은, 사람들로 하여금 그분이 평범한 사람이 아니라는 것을 알게 하고, 그분이 가르치는 것을 믿게 하며, 또한 하나님이 그분을 보내셨다는 것을 믿게 하기 위해서였어.

이제 많은 사람이 물을 포도주로 만들고 병든 사람을 고치셨다는 소문을 듣고 예수님을 믿기 시작했지. 예수님이 가시는 곳마다 거리와 길 위에는 큰 무리를 이룬 사람들이 몰려와 그분을 따랐단다.

3장

"내가 원하니, 깨끗해져라!"

예수님은 자신과 함께 다니며 사람들을 가르칠 좋은 사람들이 좀 있었으면 했어. 그래서 열두 명의 가난한 사람들을 동반자로 선택하셨단다. 이 열두 명을 '**사도**' 또는 '**제자**'라고 부르지. 특히 예수님은 가난한 사람들 가운데서 그들을 택하셨는데, 이는 가난한 사람들이 ― 그때 이후로나 앞으로도 언제나 ― 천국은 부자들뿐만 아니라 자신들을 위해서도 준비되었다는 것과 하나님은 좋은 옷을 입은 사람들과 맨발에 누더기를 걸친 사람들을 차별하지 않으신다는 것을 깨닫도록 하기 위함이었어.

비참하고 못나고 추하고 어리석은 피조물이라 할지라도

이 땅에서 착하게 산다면 천국에서 빛나는 천사처럼 될 거야. 너희는 어른이 되어도 결코 이 사실을 잊지 말아라. 사랑하는 자녀들아, 어떤 가난한 남자와 여자 또는 어린아이에게도 절대 거만하거나 불친절하게 대해서는 안 된다. 그들이 나쁜 사람이라면 이렇게 생각해보렴. 만일 그들에게 친절한 친구들과 좋은 가정이 있었다면, 그리고 좋은 가르침을 받았다면, 그들은 더 나은 사람이 되었을 거라고.

그러므로 언제나 친절하게 설득하는 말로써 그들을 더 나아지게 만들려고 노력하면 좋겠구나. 할 수만 있다면 너희는 항상 그들을 가르치고 위로해주려고 애써라. 그리고 사람들이 가난하고 불행한 이들에 대해 나쁘게 말할 때는 이렇게 생각해보아라. 예수 그리스도께서 어떻게 그들 가운데 다니셨고, 그들을 가르치셨으며, 그들을 보살필 만한 가치가 있다고 여기셨는지를. 언제나 그들을 가엾게 여기고 최대한 좋게 생각해라.

열두 제자의 이름은 다음과 같단다. 시몬 베드로, 안드레, 세베대의 아들 야고보, 요한, 빌립, 바돌로매, 도마, 마태, 알패오의 아들 야고보, 다대오, 시몬과 가롯 유다. 너희도 곧 알게 되겠지만 유다는 나중에 예수님을 배신한 사람이야.

처음에 언급한 네 사람은, 다시 말해 베드로와 안드레와 야고보와 요한은 가난한 어부였단다. 예수님이 지나가실 때, 그들은 갈릴리 호숫가에 정박해둔 배에 앉아서 그물을 수선하고 있었어. 예수님은 발걸음을 멈추고 시몬의 배로 다가가서 그에게 고기를 많이 잡았냐고 물어보셨지. 베드로는 "아니오"라고 대답했어. 그들은 밤새 그물을 던지며 일했으나 아무것도 잡지 못했거든. 예수님이 말씀하셨어.
"다시 그물을 내려 보아라."
그들은 그대로 했어. 그러자 금세 물고기로 가득 찼고, 물 밖으로 그물을 들어 올리려면 많은 사람의 힘이 필요했지. 그렇게 한다 해도 그물을 들어 올리기가 아주 어려웠어. 이것은 예수 그리스도가 행하신 또 다른 기적이었단다.
그리고 예수님이 "나와 함께 가자"고 말씀하셨을 때, 그

**
갈릴리 호숫가에서 설교하다.

들은 곧바로 예수님을 따라갔어. 그때부터 열두 명의 제자 또는 사도는 언제나 예수님과 함께 있었지.

　수많은 무리가 예수님을 따르고 가르침을 받기 원했어. 이에 예수님은 산으로 올라가서 그들에게 설교하시고, 그분 자신의 입술로부터 나온 기도의 말씀을 주셨지. 너희가 매일 밤 읊조리는, 다시 말해 "하늘에 계신 우리 아버지"라고 시작하는 그 기도의 말씀이야. 그것은 예수 그리스도께서 처음 말씀하셨고, 제자들에게 그 말씀으로 기도하라고 명령하셨기 때문에 '주기도문'이라고 부른단다.

　예수님이 산에서 내려왔을 때, 나병이라는 무서운 병에 걸린 한 사람이 찾아왔단다. 그 당시 나병은 흔했고, 그 병에 걸린 사람을 '문둥병자'라고 불렀어. 이 문둥병자는 예수님의 발 앞에 엎드리며 말했어.

　"주님! 원하시면, 저를 깨끗하게 하실 수 있습니다!"

　언제나 동정심으로 가득한 예수님은 그에게 손을 내밀며 말씀하셨지.

"내가 원하니, 깨끗해져라!"

그러자 그의 병이 즉시 떠나가고, 그는 고침을 받았단다.

어디를 가든지 많은 무리의 사람들이 예수님을 따랐기 때문에, 예수님은 휴식하려고 제자들과 함께 어떤 집으로 들어가셨어. 예수님이 집 안에 앉아 계실 때, 네 명의 남자들이 침상에 누운 한 남자를 데리고 들어오려고 했지. 누워있는 남자는 중풍병을 심하게 앓고 있어서 머리부터 발끝까지 온몸을 떨었고, 설 수도 움직일 수도 없었어. 침상을 든 남자들은 그의 친구들이었지.

출입문과 창문 가까이에는 사람들이 너무 많았기 때문에, 그들은 병자인 친구를 예수님 가까이 데려갈 수가 없었단다. 그래서 급기야 그들은 지붕 위로 올라갔어. [이스라엘 집들은 지붕이 낮고 편편했거든.] 지붕 위의 기와를 뜯어내고 구멍을 낸 뒤 병자를 눕힌 침상을 예수님이 앉아 계신 방 안으로 내려보냈지.

예수님은 그를 보시고 불쌍히 여기며 말씀하셨어.

**
병든 사람을 고치다.

"일어나라! 네 침상을 가지고 집으로 가라!"

그러자 그는 일어났고 완쾌되어서 예수님께 감사하고 하나님께 영광을 돌리며 돌아갔단다.

[예수님이 가버나움이라는 마을에 가셨을 때] 한 백부장, 또는 병사들을 지휘하는 한 장교가 예수님을 찾아와서 말했어.

"주님! 저의 종이 집에 누워 몹시 아파합니다."

예수님은 대답하셨지.

"내가 가서 고쳐주리라."

그러자 백부장이 다시 말했어.

"주님! 저는 주님을 제 집에 오시게 할 만한 자격이 없습니다. 말씀만 하시면 제 종이 나을 줄 압니다."

예수 그리스도는 백부장이 진심으로 자기를 믿는 것을 기뻐하시며 말씀하셨지.

"그렇게 될지어다!"

그리고 그 순간 이후, 종은 건강해졌단다.

그러나 예수님께 나아온 모든 사람 가운데, 백성을 다스리는 통치자 또는 장관*이었던 한 사람만큼 슬픔과 괴로움에 가득 찬 이도 달리 없겠구나. 그는 두 손을 부여잡고 부르짖으며 말했어.

"오 주님, 나의 딸, 아름답고 선하고 순진한 어린 소녀가 죽었습니다. 아이에게 와주세요. 오셔서 주님의 복된 손을 그 아이에게 올려주세요. 그렇게 하시면 딸이 다시 살아나서 한 번 더 생명을 얻고 저와 아내를 행복하게 해줄 것입니다. 오 주님, 우리는 딸을 사랑합니다. 그 아이를 정말로 사랑합니다! 그런데 그 아이가 죽었습니다!"

예수님은 그 사람과 함께 그의 집으로 가셨고 제자들도 따라갔어. 가 보니 세상을 떠난 가련하고 어린 소녀가 방에 누워있고, 친구들과 친척들이 울고 있었지. 그리고 방 안에는 구슬픈 음악이 나직이 흐르고 있었어. 그 당시 사람들이 죽으면 그렇게 했던 것처럼 말이야. 슬픔에 차서 소

---

* 성경에 따르면 그의 신분은 유대교 회당을 책임지는 회당장이고, 그의 이름은 야이로다.

녀를 바라보시던 예수님이 가련한 부모를 위로하면서 말씀하셨어.

"소녀는 죽은 것이 아니다. 자고 있다."

그 말씀을 하시고 방 안에 있던 사람들에게 나가달라고 하셨지. 그리고 죽은 아이에게 다가가 손을 잡으시니, 아이는 마치 잠들어 있었던 것처럼 아주 건강한 모습으로 일어났어. 부모가 아이를 품에 안고 입을 맞추며 큰 자비를 베풀어주신 하나님과 그의 아들 예수 그리스도께 감사했단다. 그 모습은 얼마나 놀라운 광경이었을까!

예수님은 언제나 자비롭고 온유하셨지. 그런 선한 일을 행하시고 사람들에게 하나님을 사랑하는 법과 죽은 뒤 천국에 가는 소망을 가르치셨어. 그래서 그분을 '**우리의 구세주**'라고 부른단다.

4장

"그날이 어떠하든,
너희는 항상 선을 행할 수 있다."

우리의 구세주 예수님이 기적을 행하신 그 나라에는 '바리새인'이라고 불리는 사람들이 있었어. 그들은 매우 교만하여 자신들 외에는 선한 사람이 없다고 믿었지. 그런데 예수님이 사람들을 잘 가르치고 깨우치도록 했기 때문에 바리새인들은 그분을 두려워했어. 일반적으로 유대인들도 그랬지. 그 나라의 주민 대부분이 유대인이었단다.

예수님이 안식일[예수님 부활 이후 주일로 바뀜]*에 제자

---

* 구약시대의 안식일(토요일)은 신약시대에 예수 그리스도가 부활하신 안식 후 첫날인 주일(일요일)로 바뀌었다. "주간의 첫 날에, 우리는 빵을 떼려고 모였다"(사도행전 20장 7절), "매주 첫날에, 여러분은 저마다 수입에 따라 얼마씩을 따로 저축해 두십시오"(고린도전서 16장 2절)에서 보듯이 사도 바울 당시부터 초대교회는 주일에 모여 예배를 드렸다.

들과 함께 들녘을 거닐고 계실 때였어. 제자들이 거기서 자라는 밀 이삭을 조금 따 먹은 일이 있었는데, 그것을 본 바리새인들이 안식일에 그렇게 하는 것은 잘못된 일이라고 지적했지. 또 예수님이 회당이라고 부르는 그들의 한 교회에 들어가시다가 손이 마르고 쇠약해진 불쌍한 사람을 연민 가득한 눈으로 바라보셨는데, 그것을 본 바리새인들은 예수님에게 같은 식으로 물었지.

"안식일에 사람을 고치는 것이 옳은 일입니까?"

우리 구세주께서 그들에게 대답하셨어.

"너희 중에 누구든지 기르는 양 한 마리가 구덩이에 빠졌다면, 비록 그 일이 안식일에 일어났더라도 그 양을 끌어내지 않겠느냐? 사람은 양보다 얼마나 더 귀하냐!"

그리고 예수님은 그 불쌍한 사람에게 말씀하셨어.

"네 손을 펴보아라!"

그러자 그의 손이 그 즉시 나았단다. 다른 쪽 손처럼 원활하게 움직이고 쓸 수 있게 되었지. 예수님은 바리새인들에게 말씀하셨어.

"그날이 어떠하든, 너희는 항상 선을 행할 수 있다."

이 일이 있고 난 직후 예수님은 나인이라는 성읍으로 가셨는데, 큰 무리의 사람들이 따라왔어. 특히 병으로 아픈 친척들, 친구들 또는 자녀를 가진 사람들이었지. 그들은 예수님이 지나가는 길과 거리로 병이 난 사람들을 데리고 나와서 만져달라고 부르짖었어. 물론 예수님이 손을 대시자 그들의 병이 나았단다.

그리고 무리 한가운데를 지나서 그 성읍의 성문에 가까이 이르러셨을 때, 이번에는 장례 행렬을 만났어. 그것은 한 청년의 장례식이었는데, 그는 관대棺臺라고 불리는 들것에 실려 나가고 있었어. 그 나라의 관습대로 관대는 개방되어 있었지[그래서 시신을 볼 수 있지]. 지금 이탈리아의 여러 지역에서도 그렇게 행해지고 있단다.

그 가엾은 어머니는 관대를 따라가며 몹시 울었어. 그녀에게는 죽은 청년 말고 다른 자식이 없었기 때문이야. 예수님은 그녀가 너무나 안쓰럽게 여겨졌고 마음이 아파서 이렇게 말했어.

"울지 말아라!"

그러자 관대를 옮기던 사람들이 가만히 멈추어 섰지. 예수님은 다가가 손으로 관대를 만지며 말씀하셨어.

"젊은이여, 일어나라!"

그 음성을 듣고 죽었던 사람이 다시 살아났고, 자리에서 일어나 말하기 시작했단다. 그리고 예수님은 그 청년과 그의 어머니를 남겨두고 떠나셨지. 아, 두 사람 모두 얼마나 행복했을까!

이 무렵 따르는 무리가 너무나 커져서, 예수님은 물가로 내려가 배를 타고 좀 더 한적한 곳으로 가셨어. 그리고 제자들이 갑판 위에 앉아 있는 동안, 예수님은 배에서 잠이 드셨지. 그런데 평온히 주무시는 동안 거센 폭풍이 일었던 거야. 파도가 집어삼킬 듯하고 바람이 휘몰아쳐서 제자들은 금방이라도 배가 가라앉을지 모른다고 생각했어. 그들은 겁에 질려 예수님을 깨우며 말했지.

"주님, 우리를 구해주십시오. 그렇지 않으면 목숨을 잃겠습니다!"

예수님은 일어나 팔을 들어 올리시고 넘실대는 파도와 윙윙대는 바람을 향해 말씀하셨어.

"평온하라! 잠잠하라!"

그러자 즉시 바다가 고요해지고 날씨가 쾌청해졌지. 그리고 배는 잔잔해진 물결을 헤치고 안전하게 나아갔단다.

그들이 호수 건너편에 도착했을 때, 목적지로 가려면 마을 외곽에 있는 황량하고 을씨년스러운 공동묘지를 지나가야만 했지. 그 당시 공동묘지는 모두 마을 외곽에 있었어. 그곳에는 무시무시한 미친 사람이 있었는데, 그는 무덤 사이에 거처하면서 밤낮 소리를 질러댔지. 그래서 그곳을 지나는 여행자들은 그 소리를 듣는 것이 몹시 두려웠어. 사람들은 쇠사슬로 그를 묶으려고 했지만, 그는 너무나 힘이 세서 쇠사슬을 끊어버리기까지 했단다. 그 미친 사람은 날카로운 돌 위에 몸을 던지고 끔찍한 방식으로 자기 몸을 해치는가 하면, 내내 울며 소리를 질러댔지. 이 불쌍한

**
바다의 폭풍우를 잠재우다.

남자는 멀리서 예수 그리스도를 보자 외쳤어.

"하나님의 아들이십니다! 오, 하나님의 아들이시여, 저를 괴롭히지 마십시오!"

예수님은 그에게 가까이 오셔서 그가 악한 영에 사로잡혀 있음을 알아채셨어. 그리고 그 광기를 내쫓아 마침 가까이에서 먹이를 먹던 돼지 떼에게로 들어가게 하셨지. 그러자 돼지 떼는 곧장 바다로 이어지는 가파른 비탈길을 내리달리더니 곤두박질쳐 산산이 터져 죽었단다.

이제 무고한 아기들을 죽였던 잔혹한 왕의 아들 헤롯* 이야기를 해야겠구나. 헤롯은 그 지역의 백성을 다스리면서, 예수님이 놀라운 기적을 많이 행하신다는 소식을 듣고 있었어. 예수님이 눈먼 사람을 보게 하시고, 듣지 못하는 사람을 듣게 하시고, 말 못하는 사람을 말하게 하시고, 걷지 못하는 사람을 걷게 하신 일, 그리하여 수많은 무리의

---

* 아버지 헤롯 대왕의 아들 헤롯 안티파스(기원전 20년경~기원후 39년경)를 말한다. 그는 헤롯 대왕 사후에 세 개로 분할된 영토 가운데 갈릴리와 베레아 지역을 다스린 분봉왕이었다.

사람들이 그분을 따르고 있다는 소식 말이야. 그 소식을 들은 헤롯이 말했어.

"이 사람이 세례 요한의 동료이자 친구로구나."

너희도 기억하듯이, 세례 요한은 낙타 털옷을 입고 야생 꿀을 먹으며 살던 선한 사람이었어. 헤롯은 그런 요한을 잡아들여 궁궐의 감옥에 가두었지. 요한이 사람들에게 말씀을 전하고 가르쳤다는 이유로 말이야.

헤롯이 요한에게 언짢고 화가 나 있는 동안, 헤롯의 생일이 다가왔어. 헤로디아의 딸*은 춤을 잘 추었는데, 손님들 앞에서 춤을 추어 아버지 헤롯을 매우 기쁘게 했지. 헤롯은 그런 딸이 원하는 것은 무엇이든 들어주겠노라 맹세하고 말았어. 그러자 [딸은] 헤로디아가 [시키는 대로] 이렇게 말했지.

"아버지, 세례 요한의 머리를 쟁반에 담아 가져다주세요."

* 디킨스가 헤롯의 아내 헤로디아를 딸로 착각해 기술한 것을 바로잡아 이하 모두 수정했음을 밝힌다. 딸은 성경에는 나오지 않지만, 일반적으로 살로메로 알려져 있다.

헤로디아는 요한을 미워했고 사악하고 잔인한 여자였어.*

왕으로서는 매우 유감스러웠지. 비록 헤롯이 요한을 옥에 가두기는 했지만 죽이고 싶지는 않았거든. 그러나 딸이 청하는 것은 무엇이든지 들어주겠다고 맹세했으니, 도리 없이 병사들을 감옥으로 보내 세례 요한의 머리를 베어 딸에게 가져다주라고 명령했지. 병사들은 그대로 했고, 요한의 머리를 접시 같은 큰 그릇에 담아 딸에게 가져갔어. [그리고 딸은 그것을 자기 어머니에게 가져갔지.] 예수님은 제자들에게 이 끔찍한 만행에 대해 들으시고, 제자들과 함께 (밤중에 요한의 시신을 거두어 비밀리에 묻은 후) 그 성읍[예루살렘]을 떠나 다른 곳으로 가셨단다.

---

* 요한은 헤롯 왕이 이복동생 빌립의 아내 헤로디아를 취한 것을 비판했다. 그런 요한에게 헤로디아는 원한을 품고 그를 죽이려 했다(마가복음 6장 18~19절).

5장

"네 자리를 걷어 가지고 걸어가거라."

바리새인 가운데 한 사람이 예수님께 자기 집으로 가서 함께 식사하기를 청했다. 예수님이 그 집으로 가서 탁자에 앉아 음식을 먹는 동안, 그 성읍[나인]에 사는 한 여자가 방으로 살그머니 들어왔단다. 그녀는 행실이 나쁘고 죄 많은 삶을 살았기 때문에 하나님의 아들이 자신을 보는 것을 부끄러워했지.

하지만 그녀는 진심으로 잘못을 뉘우치는 모든 사람에게 베푸시는 주님의 선하심과 긍휼하심을 깊이 신뢰했단다. 그래서 예수님이 앉으신 자리 뒤쪽으로 조금씩 다가가서 그분의 발아래 엎드렸지. 슬픈 눈물을 흘리며 그분의 발을 적시고, 그분의 발에 입을 맞추었으며, 자신의 긴 머리로 그 발을 닦았어. 그리고 그녀는 함에 넣어 가져온 향기로운 기름을 예수님의 두 발에 발라드렸어. 그녀의 이름은 바로 '막달라 마리아'였단다.

바리새인은 예수님이 그 여자가 자신을 만지도록 허락하신 것을 보고, 그 여자가 얼마나 부도덕한지 모른다고 속으로 생각했어. 하지만 예수님은 그 바리새인이 무슨 생각을 하는지 간파하시고 이렇게 말씀하셨단다.

"시몬아(그 바리새인의 이름이야), 만약 어떤 남자에게 빚진 사람들이 있다고 하자. 한 사람은 오십 데나리온*의 빚을 졌고, 다른 한 사람은 오백 데나리온의 빚을 졌다. 그런데 그 남자가 두 사람의 빚을 모두 탕감하고 용서해주었다. 그렇다면 이 두 명의 채무자 가운데 누가 그 남자를 더 사랑할 것 같으냐?"

시몬이 대답했어.

---

* 데나리온은 로마 시대의 기본 은화로 당시 일꾼의 하루 삯에 해당하는 가치가 있었다.

✶✶
죄 많은 여인이 회개하다.

"더 많은 빚을 탕감받은 사람일 것 같습니다."

예수님은 시몬에게 옳다 하시며 말씀하셨지.

"하나님께서도 이 여자의 많은 죄를 용서하셨으니, 그 여자도 하나님을 더 많이 사랑하게 될 것이다. 그렇게 되기를 바란다."

이어 그 여자에게 말씀하셨어.

"하나님께서 너를 용서하셨다!"

그 자리에 함께 있던 사람들은 예수 그리스도에게 죄를 용서하는 권세가 있음을 놀라워했지만, 하나님이 그 권세를 예수님에게 주신 거란다. 여자는 예수님이 베푼 모든 자비에 감사하며 떠나갔지.

우리는 이 이야기에서 다음과 같은 교훈을 배울 수 있겠구나. 우리에게 해를 끼친 사람들이 와서 진심으로 사죄하면 언제나 용서해야 한다는 것이지. 설령 그들이 와서 그렇게 사죄하지 않더라도 우리는 여전히 그들을 용서해야 해. 하나님께서 우리를 용서해주시기를 바란다면, 그들을 미워하거나 매정하게 대해선 안 된단다.

그 후에 유대인의 큰 축제가 열렸고, 예수 그리스도는 예루살렘으로 가셨어. 그곳의 양을 파는 시장 근처에 '베데스다'라는 물웅덩이 또는 연못이 있었는데, 거기에는 다섯 개의 문이 있었지. 매년 축제가 열리는 시기에 병에 걸리고 장애가 있는 많은 사람이 목욕하려고 그 연못에 갔단다. 천사가 연못에 내려와서 물을 휘저어 놓은 후에, 가장 먼저 그 물에 들어가는 사람은 어떤 병에 걸렸든지 낫는다고 믿었기 때문이야.

그 불쌍한 사람들 가운데는 삼십팔 년이나 병을 앓아온 한 남자가 있었어. 예수님은 아무도 도와주는 사람 없이 혼자 침상에 누워있는 그를 보시며 연민의 마음이 들었단다. 그가 예수님께 말했어. 자기는 몸이 너무 허약하고 아파서 움직일 수도 없고, 도와주는 사람이 없어서 연못에 몸을 한 번도 담글 수가 없었다고 말이야. 예수님은 그런 그에게 말씀하셨어.

"네 자리를 걷어 가지고 걸어가거라."

그러자 그는 병이 완전히 나아서 떠나갔단다.

많은 유대인은 이런 광경을 보고 예수 그리스도를 더욱 미워했단다. 그들은 예수님께 가르침을 받고 병 고침을 받은 사람들이 자기네 제사장들의 말을 믿지 않으리라는 것을 알고 있었기 때문이야. 그 제사장들은 진리가 아닌 것을 말했고 백성들을 속였거든.

그래서 유대인들은 예수 그리스도가 안식일에 사람들의 병을 고쳤고(이것은 그들의 엄격한 율법에 어긋나는 일이었어), 자신이 하나님의 아들이라고 말했기 때문에 예수님을 죽여야 한다고 서로 이야기했지. 그리고 예수님께 반대하는 대적을 일으키고 거리의 군중을 선동해 그분을 죽이려고 했어.

그러나 군중은 예수님이 가시는 곳마다 따라가며 그분을 축복하고, 또 그분에게 가르침을 받고 치유받기를 기도했지. 그들은 예수님이 오직 선한 일만 행하신다는 것을 알고 있었기 때문이야. 예수님은 제자들과 함께 디베랴 바다라고 불리는 갈릴리 호수를 건너가 언덕에 앉으셨어. 그리고 언덕 아래서 기다리는 수많은 사람을 보시고, 제자 빌립에게 말씀하셨어.

"오랜 여행 끝에 지친 저 사람들이 먹고 기운을 차릴 수 있도록, 어디서 빵을 살 수 있겠느냐?"

빌립이 대답했어.

"주님, 이백 데나리온어치의 빵을 사더라도 이 많은 사람을 먹이기에는 충분하지 않습니다. 그리고 우리는 가진 돈도 없습니다."

시몬 베드로의 형제인 또 다른 사도 안드레가 말했지.

"우리에게는 작은 보리빵 다섯 개와 작은 물고기 두 마리가 있을 뿐입니다. 우리 가운데 있는 한 소년이 가져온 것입니다. 이것으로 어떻게 이 많은 사람을 먹일 수 있겠습니까?"

예수님이 말씀하셨어.

"모두 앉으라!"

제자들은 그렇게 했고, 그곳에는 앉기에 좋은 풀밭이 많았단다. 모두 앉았을 때, 예수님은 빵을 들고 하늘을 우러

✱✱
빵 다섯 개와 물고기 두 마리로 수천 명을 먹이다.

러 축복하신 다음, 떼어서 제자들에게 주셨고 제자들은 그 빵을 사람들에게 나누어주었지. 그 작은 보리빵 다섯 개와 물고기 두 마리로 여자들과 아이들 외에도 오천 명의 남자들이 배불리 먹었던 거야. 그들이 모두 만족스럽게 먹은 뒤 남은 것을 모아보니 열두 바구니에 가득했어. 이것이 예수 그리스도께서 행하신 또 다른 기적이었단다.

그러고 나서 예수님이 제자들을 배에 태워 바다 건너편으로 보내시며, 사람들을 흩어지게 하고 곧 따라가겠노라 말씀하셨지. 사람들이 떠나고 예수님은 홀로 남아 기도하셨어. 그렇게 밤이 되었고, 제자들은 여전히 바다 위에서 배를 타고 노를 저으며 예수님이 언제 오실지 궁금해하고 있었지.

깊은 밤에 바람이 불고 파도가 높아지고 있을 때, 제자들은 예수님이 물 위를 마치 마른 땅처럼 걸어서 그들을 향해 오시는 모습을 보았어. 제자들은 이 광경을 보고 몹시 무서워하며 소리를 질렀지. 그러나 예수님은 말씀하셨어.

"나다. 두려워하지 말라!"

베드로가 용기를 내서 말했지.

"주님, 만약 주님이시라면 제게 물 위를 걸어오라고 말씀해주십시오."

예수님은 "오라!"고 말씀하셨어. 베드로는 예수님을 향해 걸어갔단다. 그러나 거센 파도를 보고 으르렁거리는 바람 소리를 듣자 두려움에 사로잡혔지. 그러자 몸이 가라앉기 시작했어. 물에 빠지려고 할 때, 예수님은 베드로의 손을 잡아 배 안으로 이끌어주셨지. 곧 바람이 잦아들고, 제자들은 서로를 보며 말했단다.

"정말이로다. 그분은 하나님의 아들이시다!"

이 일이 있은 후에도 예수님은 더 많은 기적을 행하여 수많은 아픈 사람들을 고치셨단다. 절뚝이며 잘 걷지 못하는 사람을 걷게 하고, 말 못하는 사람을 말하게 하고, 눈먼 사람을 보게 하셨지. 그리고 큰 무리에 다시 둘러싸이셨어. 그들은 사흘 동안 예수님과 함께 다니느라 제대로 먹지 못해 배가 고팠고 기진맥진했지. 예수님은 제자들이 가져온 빵 일곱 개와 물고기 몇 마리를 다시 사람들에게 나누어주셨는데, 그 수가 약 사천 명이나 되었구나. 그들이 모두 배불리 먹고도 남은 것이 일곱 바구니에 가득했단다.

이제 예수님은 제자들을 나누어 여러 성읍과 마을로 보내셨어. 제자들에게는 사람들을 가르치고 하나님의 이름으로 모든 아픈 사람들을 고칠 수 있는 능력을 주셨지. 이때 예수님은(장차 무슨 일이 일어날지 알고 계셨기 때문에) 제자들에게 자신이 언젠가 예루살렘으로 돌아가야만 하고, 그곳에서 큰 고난을 겪을 것이며, 반드시 죽임을 당할 것이라고 말씀하시기 시작했어. 그러나 죽은 지 사흘째 되는 날 무덤에서 부활하고, 하늘로 올라갈 것이며, 그곳에서 하나님의 오른편에 앉아 죄인들을 용서해달라고 간구하겠노라 말씀하셨단다.

6장

"나도 너를 정죄하지 않는다.
가라! 더는 죄를 짓지 마라!"

빵과 물고기로 수천 명을 먹인 기적을 행하시고 엿새가 지난 뒤였다. 예수 그리스도는 베드로, 야고보, 요한 세 명의 제자만 데리고 높은 산으로 올라가셨지. 그곳에서 제자들에게 말씀하시는 동안, 갑자기 예수님의 얼굴이 해처럼 빛나기 시작했어. 입고 있던 흰옷은 반짝이는 은처럼 광채가 났고, 그분은 제자들 앞에 천사처럼 서 계셨지. 동시에 환한 구름이 그들을 가리더니 구름 속에서 한 음성이 들려왔단다.

"이는 내 사랑하는 아들이요, 내가 기뻐하는 아들이다. 너희는 그의 말을 들어라!"

이 음성을 들은 세 명의 제자는 두려워 무릎을 꿇고 얼굴을 가렸지. 이것을 우리 구세주 예수님의 '변모'라고 한단다.

예수님과 제자들이 산에서 내려와 다시 사람들 가운데에 있을 때, 한 남자가 예수님의 발아래 무릎을 꿇고 이렇게 말했어.

"주님, 제 아들을 불쌍히 여겨주십시오. 그 아이가 미쳤고, 스스로 어떻게 할 수도 없습니다. 그래서 때로는 불 속에 뛰어들고, 때로는 물 속에 뛰어들어서, 상처와 흉터가 온몸을 뒤덮었습니다. 주님의 제자들 가운데 몇 사람이 그 아이를 고쳐보려 했지만 할 수가 없었습니다."

예수님은 그 아이를 즉시 고쳐주셨어. 그리고 제자들을 돌아보시며 그들이 아이를 고칠 수 없었던 이유는 예수님이 바라셨던 만큼 제자들이 진실로 하나님을 믿지 않았기 때문이라고 말씀하셨단다.

제자들이 예수님께 "선생님, 천국에서는 누가 가장 큰 사

**
미친 사람을 고치다.

람입니까?"라고 물었어. 예수님은 어린아이 하나를 불러 품에 안으시며, 제자들 가운데 서서 말씀하셨단다.

"이런 아이와 같아야 한다. 어린아이들처럼 자기를 낮추는 자들만이 천국에 들어갈 수 있다. 누구든지 내 이름으로 이런 어린아이 하나를 영접하면 곧 나를 영접하는 것이다. 그러나 누구든지 어린아이 가운데 하나를 상하게 하면, 그런 자는 차라리 목에 맷돌을 매달고 깊은 바다에 빠지는 편이 더 나을 것이다. 천사들은 모두 어린아이 같단다."

예수님은 그 아이를 사랑하셨지. 물론 모든 아이를 사랑하셨어. 그래, 온 세상을 사랑하셨던 거야. 그분처럼 모든 사람을 그토록 진실하고 완전하게 사랑하신 분은 아무도 없었지.

베드로가 예수님에게 물었어.

"주님, 제게 잘못한 사람을 몇 번이나 용서해야 합니까? 일곱 번이라도 용서해야 합니까?"

예수님이 대답하셨지.

"일곱 번씩 일흔 번이라도, 그리고 그보다 더 많이라도 용서해야 한다. 만약 네가 다른 모든 사람을 용서하지 않는다면, 네가 잘못했을 때에 어떻게 하나님이 너를 용서해주시리라 바랄 수 있겠느냐?"

그리고 예수님은 제자들에게 이런 이야기를 들려주셨어.

"옛날에 주인에게 아주 많은 빚을 지고, 그 빚을 갚을 수 없는 한 종이 있었다. 주인은 매우 화가 나서 그 종을 노예로 팔려고 했다. 그러자 그 종은 무릎을 꿇고 엎드려 크게 슬퍼하며 용서를 구했고, 주인은 그를 용서해주었다.

그런데 이 종에게 일백 데나리온의 빚을 진 동료 종이 있었는데, 이 종은 주인이 자기에게 해준 것처럼 가난한 동료를 친절하게 대하거나 용서해주지 않았다. 그 대신 그 빚 때문에 동료 종을 감옥에 가두기까지 했다. 주인이 이 일에 대해 듣고 그에게 가서 말했다. '악한 종아, 나는 너를 용서해주었는데, 어째서 너는 동료 종을 용서하지 않느냐?' 그가 동료 종을 용서하지 않았기 때문에, 주인은 그를 큰 불행* 속으로 내몰았단다."

이 이야기를 마친 다음 예수님은 이어 말씀하셨어.

"그러니 너희가 다른 사람을 용서하지 않는다면, 어떻게 하나님이 너희를 용서해주시리라고 기대할 수 있겠느냐?"

이것이 주기도문에서 "우리가 우리에게 죄 지은 자를 사하여 준 것같이 우리 죄를 사하여 주시옵고"라고 읊조리는 부분의 의미야. 여기서 죄는 우리가 저지르는 잘못을 의미한단다.

예수님은 제자들에게 또 다른 이야기를 해주셨어.

"옛날에 포도원을 소유한 한 농부가 있었는데, 그는 일꾼을 구하러 아침 일찍 밖에 나갔다. 그리고 어떤 일꾼과 품삯 한 데나리온에 하루 종일 일하기로 합의했다. 그리고 곧 시간이 흘러, 다시 나가서 같은 조건으로 다른 일꾼들을 고용했다. 그리고 곧 다시 나가서 이런 식으로 하기를 오후까지 여러 번 반복했다.

---

* 악한 종에게 닥친 큰 불행은 성경에 다음과 같이 기록되어 있다. "그를 형무소 관리에게 넘겨주고, 빚진 것을 다 갚을 때까지 가두어 두게 하였다"(마태복음 18장 34절).

날이 저물자 일꾼들은 모두 품삯을 받으러 왔다. 그런데 아침부터 와서 일한 사람들은, 오후 늦게부터 일을 시작한 사람들이 자신들과 똑같은 품삯을 받자 불평했고 공평하지 않다고 말했다. 하지만 주인은 이렇게 대답했다. '친구여, 나는 너에게 한 데나리온의 품삯을 주기로 약속했다. 내가 다른 사람들에게 똑같은 금액의 돈을 주었다고 해서, 네게 주기로 한 돈을 적게 주었느냐?'"

예수님은 이 비유를 통해 평생 선한 일을 한 사람은 죽은 후에 천국에 간다는 것을 가르치고자 하셨던 거야. 그렇지만 비참한 처지에 있었거나, 어릴 때 돌봐줄 부모나 친구가 없어서 못되게 살았던 사람들이 있다고 하자. 그들도 저지른 악행을 진심으로 뉘우치고 용서해달라고 하나님께 간구하면, 그것이 아무리 인생의 늦은 때라고 해도 용서를 받을 것이고, 천국에 갈 수 있다는 것을 가르치고자 하셨던 거야.

예수님은 이런 이야기들을 통해 제자들을 가르치셨는데, 그 이유는 사람들이 그런 이야기들을 듣고 싶어하고,

또 그런 방식으로 말하면 말씀을 더 잘 기억하리라는 것을 알고 계셨기 때문이지. 이런 이야기들을 비유 — **우리 구세주 예수님의 비유** — 라고 부른단다. 너희는 이 단어를 잘 기억해주기를 바란다. 곧 이 비유에 대해 몇 가지 더 이야기해줄 것이 남았기 때문이야.

사람들은 예수님이 하시는 말씀에 모두 귀를 기울였지만, 그분에 대한 생각이 서로 일치하지는 않았어. 바리새인과 유대인들은 예수님을 비난했고, 그들 가운데 일부는 예수님을 해치려 들었으며, 심지어 죽이려는 생각까지 품었지. 하지만 그들은 예수님께 어떤 해를 가하는 것이 아직 두려웠어. 그분의 선하심과 너무나 신성하고 위엄 있는 모습 — 비록 예수님이 가난한 사람들처럼 무척 검소하게 옷을 입으셨더라도 — 때문에 그분의 눈을 차마 마주칠 수가 없었기 때문이야.

어느 날 아침, 예수님이 올리브산이라고 하는 곳에 앉아서 주위에 무리를 지어 모인 사람들을 가르치고 계셨고, 그들은 주의 깊게 예수님께 듣고 배우고 있었지. 그때 시끄러운 소리가 나더니, 바리새인 무리와 그들과 같은 서기관들이 아우성치며 뛰어왔단다. 그들은 부정을 저지른 한 여자를 끌고 와서 모두 함께 언성을 높였어.

"선생님, 이 여자를 보십시오. 율법에 따르면, 이 여자를 돌로 쳐 죽여야 합니다. 하지만 선생님은 뭐라고 하시겠습니까? 어떻게 하시겠습니까?"

예수님은 떠들썩한 무리를 주의 깊게 바라보셨지. 예수님은 그들이 자신으로 하여금 율법은 잘못되고 가혹한 것이라고 말하게 하려고 왔다는 것을, 그리고 그렇게 말하면 [그것을 죄목으로 삼아] 자신을 고발하여 죽이려 한다는 것을 잘 알고 계셨단다. 예수님이 그들의 얼굴을 바라보시자 그들은 그만 부끄럽고 두려워졌어. 하지만 다그치듯 여전히 소리를 높였지.

"보세요. 선생님은 뭐라고 하시겠습니까? 어떻게 하시겠습니까?"

예수님은 몸을 굽혀서 손가락으로 땅바닥 모래 위에 [무언가를] 쓰셨어. [그리고 몸을 일으켜, 그들에게 말씀하셨지.]

**
부정을 저지른 여자를 용서하다.

"너희 가운데 죄가 없는 사람이 먼저 이 여자에게 돌을 던져라."

그들은 예수님이 땅에 쓰신 것을 읽으려고 어깨 너머로 서로 보려고 했는데, 예수님은 방금 하신 말씀을 그들에게 다시 한번 되풀이하셨지. 그러자 그들은 부끄러워하며 한 사람씩 떠나가고, 떠들썩한 무리 가운데 아무도 남지 않았어. 예수님과 두 손으로 얼굴을 가린 그 여자만 남게 되었단다.

예수님이 말씀하셨어.

"여자여, 너를 고발한 자들은 어디에 있느냐? 너를 정죄한 사람이 한 사람도 없느냐?"

여자는 떨면서 대답했어.

"한 사람도 없습니다. 주님!"

예수님이 말씀하셨단다.

"그렇다면 나도 너를 정죄하지 않는다. 가라! 더는 죄를 짓지 마라!"

7장

"옳다, 가서 그와 같이 하여라!
모든 사람이 너의 이웃이요 형제이기 때문이니라."

예수님이 앉아서 사람들을 가르치고 그들의 질문에 답하고 계실 때, 어떤 율법교사가 일어나 말했어.

"선생님, 제가 죽은 뒤에도 다시 [영원히] 행복하게 살려면 어떻게 해야 합니까?"

예수님이 말씀하셨단다.

"모든 계명의 첫째는 주 우리 하나님은 한 분이시니, '네 마음을 다하고, 네 목숨을 다하고, 네 뜻을 다하고, 네 힘을 다하여 주 너의 하나님을 사랑하여라' 하신 것이다. 둘째도 이것과 같은데, '네 이웃을 네 몸과 같이 사랑하여라' 하신 것이다. 이 두 계명보다 더 큰 다른 계명은 없느니라."

그러자 율법교사가 말했지.

"그러면 제 이웃이 누구입니까? 제가 알 수 있게 말씀해 주십시오."

이에 예수님은 다음의 비유로 대답하셨어.

"옛날에 한 여행자가 있었는데, 예루살렘에서 여리고로 가다가 강도들을 만났다. 강도들은 그의 옷을 빼앗고 때려서 상처를 입히고, 반쯤 죽게 된 그를 길에 버려두고 가버렸다. 그 가련한 남자가 거기에 쓰러져 있을 때, 한 제사장이 우연히 그 길을 지나가다가 그를 보았다. 하지만 제사장은 그를 본체만체하고 반대쪽으로 지나갔다. 또 다른 레위 사람도 그 길로 왔고, 그 남자를 보았다. 하지만 그를 바라보기만 했을 뿐 역시 지나쳤다.

그런데 그 길을 따라 여행하던 어느 사마리아 사람은 그를 보자마자 측은한 마음이 들어서, 올리브기름과 포도주를 상처에 발라 처치해주었다. 그리고 자신이 타고 온 짐승에 그를 태워 여관으로 데려갔다. 다음 날 아침, 사마리아 사람은 주머니에서 두 데나리온을 꺼내 여관 주인에게 주

**
선한 사마리아인이 강도 만난 자를 도와주다.

면서 말했다. '이 사람을 잘 돌봐주시오. 그 이상의 비용이 들더라도 그렇게 해주시오. 내가 여기로 다시 돌아올 때 갚겠소.'"

이 이야기를 하고 나서 예수님은 율법교사에게 이렇게 물었단다.

"자, 너는 이 세 사람 가운데 어느 쪽을 강도 만난 자의 이웃으로 불러야 한다고 보느냐?"

율법교사가 말했어.

"그에게 자비를 베푼 사람입니다."

예수님은 대답하셨지.

"옳다, 가서 그와 같이 하여라! 모든 사람이 너의 이웃이요 형제이기 때문이니라."

그리고 예수님은 [초청을 받은 사람들이 윗자리를 골라잡는 것을 보시고] 그들에게 이런 비유를 하나 말씀하셨어. 그 의미는 하나님 앞에서 절대 교만하거나 스스로 훌륭하다고 생각해서는 안 되며 항상 겸손해야 한다는 것이야.

"잔치나 결혼식에 초청을 받거든, 너는 가장 좋은 자리에 앉지 마라. 더 높은 사람이 와서 그 자리에 앉을 수도 있으니 말이다. 그러니 가장 끝자리에 앉아라. 그러면 네게 그럴 만한 자격이 있을 때 더 나은 자리가 주어질 것이다. 누구든지 자기를 높이면 낮아질 것이고, 자기를 낮추면 높아질 것이다."

또한 예수님은 [초청을 받아 간 식사 자리에서] 사람들에게 이런 비유를 말씀하시기도 했어.*

"어떤 사람이 큰 잔치를 준비하고 많은 사람을 초대했다. 그는 자기 종을 보내서 모두 기다리고 있으니 어서 오라고 그들에게 말하도록 했다. 그런데 그들은 핑계를 댔다. 한 사람은 자기가 밭 한 뙈기를 샀는데, 그 밭을 보러 가야 한다고 했다. 다른 사람은 겨리†를 끄는 소 다섯 쌍을 샀는데, 그것들을 시험하러 가봐야 한다고 했다. 또 다른 사람은 최근에 결혼해서 올 수 없다고 했다. 집주인이 이 말을

---

* 식사를 같이하던 한 사람이 "하나님의 나라에서 음식을 먹는 사람은 복이 있습니다"(누가복음 14장 15절)라고 한 말에 예수님이 비유로 한 대답이다.

† 소 두 마리가 끄는 쟁기를 말한다.

듣고 노하여 종에게 말하기를, 골목과 큰길과 울타리 밖으로 나가서 가난한 사람들, 저는 사람들, 지체에 장애가 있는 사람들, 눈먼 사람들을 초청하여 [핑계 댄 사람들] 대신 잔치를 맛보게 하라고 했다."

예수님이 사람들에게 이런 비유를 말씀하신 것은, 자신의 이익과 즐거움을 좇는 데 너무 바빠서 하나님을 생각하지 않고 선한 일을 행하지 않는 사람은 병들고 비참한 사람들만큼이나 하나님의 은혜를 받지 못한다는 뜻이야.

한편, 예수님이 여리고라는 성읍에 계실 때의 일이란다. 예수님이 삭개오라 이름하는 한 사람을 보고 계셨어. 그는 예수님을 잘 보기 위해서 나무 위에 올라가 군중의 머리 너머로 내려다보고 있었지. 삭개오는 평범한 사람이지만 죄인으로 여겨졌는데*, 예수님은 그런 삭개오를 부르셨어. 그의 집에 가서 함께 식사하시겠다고 말이야.

교만한 바리새인들과 서기관들이 이 말을 듣고 수군거

---

* 유대인들은 자신들의 세금을 착취해 로마에 바치는 일을 했던 세리(稅吏) 삭개오를 싫어했고, 부정적으로 재물을 모아 부자가 된 그를 죄인으로 여겼다.

렸어.

"예수는 죄인들과 함께 먹는구나."

예수님은 그들에게 대답하시며, 흔히 '**탕자의 비유**'라고 불리는 이야기를 하셨어.

옛날에 어떤 사람에게 아들이 둘 있었단다. 어느 날 작은아들이 말했어. "아버지, 아버지의 재산 중에서 제 몫을 지금 주십시오. 그것으로 제가 하고 싶은 일을 하게 해주십시오." 아버지는 아들의 청을 들어주었고, 작은아들은 그 돈을 가지고 먼 나라로 떠났지. 하지만 이내 방탕한 생활에 빠져 그 돈을 다 써버리고 말았어.

모든 것을 탕진했을 때, 그 지역 전체에 큰 시련과 기근이 찾아왔지. 먹을 빵도 없었고, 곡식과 풀 그리고 땅에서 자라는 모든 것이 시들어 말라 죽었어. 탕자는 너무나 고통스럽고 배가 고파서 들에서 돼지를 치는 종으로 일하게 되었지. 그는 돼지에게 먹이는 형편없는 거친 껍질이라도 기꺼이 먹고 싶었지만, 주인은 그에게 아무것도 주지 않았

**
탕자가 돌아와 아버지의 품에 안기다.

단다. 이런 고통 속에서, 그는 자기 자신에게 말했어. '아버지의 종들 가운데는 빵을 넉넉히 먹는 자들이 얼마나 많은데, 나는 이렇게 굶어 죽는구나! 일어나 아버지께 가서 말씀드릴 것이다. 아버지, 제가 하늘과 아버지 앞에 죄를 지었습니다. 저는 더 이상 아버지의 아들이라고 불릴 자격이 없습니다!'

그래서 그는 큰 고통과 슬픔 그리고 어려움을 겪으면서 아버지의 집을 향해 귀향길에 올랐단다. 그가 아직 멀리 떨어져 있을 때, 아버지가 그를 먼저 알아보았던 거야. 누더기를 걸친 비참한 몰골이지만 아버지는 아들을 단박에 알았지. 아버지는 아들에게로 달려가서 울며 그의 목을 껴안고 입을 맞추었어. 그리고 종들에게 이르기를, 이 뉘우치는 가련한 아들에게 가장 좋은 옷을 입히고 그가 돌아온 것을 축하하는 성대한 잔치를 베풀라고 했던 거야. 그렇게 하여 그들은 흥겨운 잔치를 벌였어.

그러나 밭에 있던 큰아들은 동생이 돌아온 사실을 전혀

모르고 있었어. 집으로 돌아오다가 음악 소리와 춤추는 소리를 듣고 종을 불러 무슨 일인가 물어보았지. 그 종은 동생이 집에 돌아온 것과 아버지가 그 일로 인해 무척 기뻐한다고 대답했어. 이 말을 들은 큰아들은 화가 나서 집에 들어가려고 하지 않았지. 그러자 아버지가 이 이야기를 듣고 밖으로 나와서 큰아들을 설득하려고 했어.

큰아들이 말했지.

"아버지, 동생이 돌아왔다고 이렇게 기뻐하시는 모습을 보니, 아버지께서 저를 공평하게 대해주시는 것 같지 않습니다. 오랜 세월, 저는 변함없이 아버지 곁에서 충실하게 섬겼어요. 하지만 아버지는 저를 위해 한 번도 잔치를 베풀어주신 일이 없었지요. 그런데 허랑방탕하게 살면서 온갖 나쁜 방법으로 돈을 탕진한 동생이 돌아오자 아버지는 기쁨에 겨워 온 집안을 잔칫집으로 만들고 있습니다!"

큰아들의 말에 아버지가 대답했단다.

"아들아, 너는 언제나 나와 함께 있었다. 그리고 내가 가진 모든 것은 네 것이다. 하지만 우리는 네 동생이 죽은 줄 생각했는데, 이렇게 살아있구나. 그를 잃었다가 되찾은 것이야. 네 동생이 예기치 않게 옛집으로 돌아왔으니, 기뻐하는 것이 마땅하고 옳은 일이란다."

이 비유를 통해서 예수님은 죄를 짓거나 하나님을 잊은 사람들이라도, 자신이 지은 죄에 대해 슬퍼하며 돌아오기만 하면 하나님은 언제나 그들을 환영하고 그들에게 자비를 베푸시리라는 것을 가르치고자 하셨단다.

바리새인들은 예수님의 이런 교훈들을 경멸스럽다는 듯이 받아들였어. 그들은 부유하고 탐욕스러웠으며 자기들이 모든 사람들보다 우월하다고 생각했기 때문이야. 예수님은 그들에게 경고하기 위해 '**부자와 나사로**'의 비유를 들려주셨지.

어떤 부자가 있었는데, 그는 자색 옷과 고운 베옷을 입고 날마다 호화롭게 지냈어. 그런데 그 부자의 집 문 앞에는 온몸이 상처투성이인 나사로라는 거지가 누워 있었지. 그는 부자의 상에서 떨어진 부스러기로 배를 채우려고 했던 거야. 게다가 개들까지 와서 그의 상처를 핥았어.

그러다가 거지는 죽어서 천사들에게 받들려 아브라함의 품으로 옮겨졌단다. 아브라함은 그보다 오랜 세월 전에 살았던 매우 선한 사람이었고, 그때는 하늘나라에 있었지. 부자 역시 죽어서 땅에 묻혔는데, 지옥에서 고통 중에 눈을 들어 저 멀리 아브라함과 나사로를 보고 소리를 지르며 말했어.

"아브라함 조상님, 나를 불쌍히 여겨주십시오. 나사로를 보내주셔서 그의 손가락 끝에 물을 찍어서 내 혀를 시원하게 해주십시오. 나는 불 속에서 고통받고 있습니다."

그러나 아브라함이 말했지.

"얘야, 살아있을 때 너는 좋은 것을 받았지만 나사로는 불행을 겪었음을 기억하라. 이제 그는 위로받고 너는 고통받는 것이다!"

그리고 다른 비유들 가운데서도, 그리스도는 바리새인들의 교만 때문에 다음과 같은 비유를 들어 말씀하셨단

**
거지 나사로가 부자의 집 앞에 앉아 있다.

다. 두 사람이 기도하러 성전에 올라갔어. 그들 중 한 사람은 바리새인이고 다른 한 사람은 세리였지.

바리새인이 말했어.

"하나님, 저는 다른 사람들처럼 불의하지도 않고 이 세리처럼 완악하지도 않으니 주님께 감사드립니다!"

그러나 세리는 멀찍이 서서 눈을 들어 하늘을 우러러보지도 못하고 가슴을 치며 이렇게 말했어.

"하나님, 이 죄인에게 자비를 베풀어주십시오!"

예수님은 하나님께서 바리새인보다 세리에게 자비를 베푸실 거라고, 세리의 기도를 더 기뻐하실 거라고, 그들에게 말씀하셨어. 세리는 겸손하고 낮은 마음으로 기도했기 때문이야.

바리새인들은 이러한 가르침에 무척 화가 나서 몇 명의 정탐꾼을 고용하기에 이르렀단다. 그리고 그들을 보내 예수님께 질문하고 그분이 율법에 어긋나는 어떤 말을 하도록 함정에 빠뜨리려고 했어. 카이사르라고 불리는 로마의 황제는 백성들에게 정기적으로 세금을 바치도록 명령하고, 그런 황제의 권한에 이의를 제기하는 사람은 그 누구든 가혹하게 대했지. 그래서 정탐꾼들은 예수님으로 하여금 세금을 내는 것이 부당하다고 말하도록 유도해서 황제의 심기를 건드릴 수 있다고 생각했어. 그래서 그들은 아주 겸손한 척하면서 예수께 나아가 이렇게 말했지.

"선생님, 당신은 하나님의 말씀을 바르게 가르치시고, 부나 높은 지위 때문에 사람을 더 존경하지는 않으십니다. 우리에게 말씀해주세요. 우리가 황제에게 세금을 바치는 것이 합법적입니까?"

그들의 생각을 꿰뚫어보신 예수님이 대답하셨어.

"왜 그것을 묻느냐? 나에게 동전을 보여다오."

그들은 동전을 가져 왔고 예수님은 그들에게 "이 동전에 누구의 형상과 누구의 이름이 새겨져 있느냐?"고 물으셨어. 그들이 "카이사르입니다"라고 하자 그분이 말씀하셨단다.

"그렇다면 카이사르의 것은 카이사르에게 돌려주어라."

그들은 예수님을 함정에 빠뜨릴 수 없다는 사실에 크게

분노하고 실망한 채 떠나갔어. 그러나 예수님은 그들의 마음과 생각을 아셨을 뿐만 아니라, 다른 사람들이 자신을 대적하여 음모를 꾸민다는 것도, 그리고 자신이 곧 죽임을 당하리라는 것도 알고 계셨지.

이렇게 사람들을 가르치실 때, 예수님은 헌금함* 가까이에 앉아 계셨어. 그곳은 사람들이 지나다니며 가난한 자들을 위해 헌금함에 돈을 넣는 데 익숙한 그런 장소였단다. 예수님이 그곳에 앉아 계시는 동안, 많은 부자들이 지나가면서 상당한 양의 돈을 넣었지. 이윽고 한 가난한 과부가 와서 1/2파딩 가치의 렙돈 두 닢을 넣고 조용히 떠났어.†

예수님은 과부가 그렇게 한 것을 보시고, 일어나 자리를 떠나며 제자들을 불러 말씀하셨지. 그날 헌금한 다른 모든 사람보다 그 가난한 과부가 진실로 더 많은 자선을 베

---

* 성전 내 '여인의 뜰'이라 부르는 곳에는 성전세 납부, 제물의 구입, 성전의 유지관리, 가난한 자들의 구제 등을 위한 13개의 헌금함이 있었다. 여기서는 구제를 위해 자원하여 낸 일반 헌금함을 말하다.
† 1/2파딩(half Farthing)은 영국의 옛 동전 화폐로 1/8페니에 해당한다. 헬라어 '렙돈'은 당시 통용되던 최소 단위의 구리 동전이다.

풀었다고. 다른 사람들은 부유하기 때문에 바친 돈을 조금도 아까워하지 않겠지만, 그녀는 매우 가난하여 먹을 빵을 살 수 있는 두 렙돈을 넣은 것이라고.

  우리가 자선을 베푼다고 할 때, 이 가난한 과부가 행한 일을 결코 잊어서는 안 되겠구나.

8장

"주님의 이름으로 오시는 이여!
이분이 나사렛의 선지자 예수님이시다!"

베다니에 나사로라는 청년이 있었는데, 그는 몹시 위중한 병에 걸렸단다. 그는 예수님께 향유를 붓고 자기의 머리카락으로 예수님의 발을 닦았던 그 마리아의 오빠였어. 마리아와 그녀의 언니 마르다는 크게 근심하며 예수님께 사람을 보내어 말을 전했지.

"주님, 당신이 사랑하시는 나사로가 병이 들어 죽게 되었습니다."

예수님은 이 전갈을 받으신 후 이틀 동안 그들에게 가지 않으셨지만 시간이 되자 제자들에게 말씀하셨어.

"나사로가 죽었구나. 베다니로 가자."

그들이 베다니(예루살렘에서 아주 가까운 곳)에 도착했을 때, 예수님이 예언하신 대로 나사로는 죽어서 장사된 지 나흘이나 되었지. 마르다는 예수님이 오신다는 소식을 듣고 불쌍한 오빠의 죽음에 대해 자기를 조문하러 온 사람들 가운데서 일어나 그분을 맞으러 달려나갔어. 여동생 마리아는 집에서 울고 있었지. 마르다는 예수님을 보자 울음을 터트리며 말했어.

"오 주님, 주님이 여기 계셨다면, 오빠가 죽지 않았을 것입니다."

예수님이 대답하셨어.

"네 오빠는 다시 살아날 것이다."

"주님, 저도 마지막 날 부활하실 때 오빠가 다시 살아나리란 것을 알고, 그렇게 믿습니다."

마르다가 말했어. 그러자 예수님은 이렇게 말씀하셨단다.

"나는 부활이요, 생명이다. 네가 이 사실을 믿느냐?"

마르다는 "예, 주님"이라고 대답하고, 여동생 마리아에게 달려가 예수님이 오셨다고 말했지. 마리아는 이 말을 듣자 밖으로 달려나갔고, 집에서 함께 슬퍼하던 모든 사람도 그녀를 따랐어. 그리고 예수님이 계신 곳에 이르자 마리아는 그분의 발 앞에 엎드려 울었고, 나머지 사람들도 울었단다. 예수님은 그들의 슬픔이 너무나 가여워 함께 우시며 물으셨지.

"나사로를 어디에 두었느냐?"

그들이 대답했어.

"주님, 와 보십시오!"

나사로는 동굴 안에 묻혔고, 그 입구에는 큰 돌이 놓여 있었지. 그들이 무덤에 도착했을 때, 예수님은 돌을 굴려내라 명하셨고, 그렇게 되었단다. 그러고 나서 예수님은 눈을 들어 하늘을 우러러보시고 하나님께 감사하며 위엄 있는 큰 목소리로 말씀하셨어.

"나사로야, 나오너라!"

그러자 죽은 나사로가 소생하여 사람들 가운데로 걸어 나와 그의 누이들과 함께 집으로 돌아갔단다. 이 경외롭고

**
죽은 나사로가 무덤에서 걸어 나오다.

감격스러운 광경을 본 많은 사람들은 그리스도께서 진실로 하나님의 아들이시며, 인류를 가르치고 구원하기 위해 오셨다는 것을 믿었어. 그러나 다른 사람들은 바리새인들에게 달려가 이 사실을 알렸지. 그날부터 바리새인들은 더 많은 사람이 예수님을 믿는 것을 막기 위해 그분을 죽이기로 서로 결의했어. 그들은 그 목적을 위해 성전에 모였고, 다가오는 유월절 전에 예수님이 예루살렘에 들어오시면 체포하기로 합의를 보았지.

예수님이 나사로를 죽음에서 살리신 날은 유월절 엿새 전이었어. 밤이 되어 모두 함께 저녁 식사를 하고 나사로도 그 자리에 앉아 있을 때였지, 마리아가 일어나서 향유(매우 귀하고 값비싼 것으로 나드 향유라 불렸어) 한 파운드를 가져다가 예수 그리스도의 발에 붓고, 다시 한번 자신의 머리카락으로 닦았단다. 그러자 온 집 안에 향유 냄새가 가득 찼지. 제자 가운데 하나인 가롯 유다는 이런 행동에 화가 난 듯, 그 향유를 삼백 데나리온에 팔아서 가난한 사람들에게 돈을 줄 수도 있었을 거라고 말했어.

  그러나 유다가 오직 그렇게 말한 것은, [가난한 사람을 생각해서가 아니라] 실제로 그가 [예수님을 따르는 무리의 재정을 관리하는 자로서] 돈주머니를 지니고 있었고, (당시 다른 사람들에게는 알려지지 않은) 도둑이어서 최대한 모든 돈을 취하려 했기 때문이었지. 이제, 그는 그리스도를 대제사장들의 손에 팔아넘기려는 음모를 꾸미기 시작했던 거야.

  유월절이 매우 가까워지자 예수 그리스도는 제자들과 함께 예루살렘을 향해 가셨어. 그들이 그 성읍에 가까이 이르자, 예수님은 한 마을을 가리키시며 두 제자에게 그곳으로 가라 하셨지. 그러면 나무에 매여 있는 나귀 한 마리와 망아지를 발견할 수 있을 텐데, 그것들을 데려오라 하신 거야. 그들은 예수님이 설명하신 것과 똑같은 동물들을 발견하고 끌고 왔어. 그리고 예수님은 그 나귀를 타고 예루살렘으로 들어가셨단다.

나귀를 타고 예루살렘 성으로 들어가다.

그분이 가시자 엄청난 인파가 주위에 모여들었어. 많은 사람이 자기들의 겉옷을 땅에 던지고, 나무에서 새파란 가지들을 꺾어다가 그분이 가는 길 위에 펼쳤어. 그리고 외치고, 외쳤지.

"호산나, 다윗의 자손이여!"(다윗은 그 나라의 위대한 왕이었거든).

"주님의 이름으로 오시는 이여! 이분이 나사렛의 선지자 예수님이시다!"

예수님은 성전에 들어가, 비둘기를 파는 사람들을 비롯해 그곳에 앉아서 불법적으로 돈을 바꿔주는 환전상들의 탁자를 내던지며 말씀하셨어.

"내 아버지의 집은 기도하는 집이다. 그러나 너희들이 강도의 소굴로 만들었다!"

성전에서 사람들과 아이들이 침묵하지 않고 "이분이 나사렛의 선지자 예수님이시다"라고 외칠 때, 그리고 눈먼 사람들과 다리를 저는 사람들이 무리를 지어 몰려와서 예수님의 손길로 고침을 받았을 때, 대제사장들과 서기관들과 바리새인들은 그분에 대한 두려움과 증오로 가득 찼지.

그러나 예수님은 계속해서 병든 사람들을 고치고 선한 일을 행하시다가 베다니로 가서 머무셨단다. 그곳은 예루살렘 성에서 매우 가까운 곳이긴 했지만, 어쨌든 성 안은 아니었어.

어느 날 밤, 그곳에서 예수님은 제자들과 함께 앉아 계시던 식사 자리에서 일어나 수건과 물이 담긴 대야를 가져다가 제자들의 발을 씻겨주셨단다. 제자 중 한 사람인 시몬 베드로는 예수님이 그렇게 하시려는 것을 한사코 만류했지. 그러나 그분은 베드로에게 자신이 이렇게 하는 것은, 제자들이 이 일을 기억하여 언제나 서로에게 친절하고 온유하며, 서로 간에 교만이나 악의를 품지 않도록 하기 위해서라고 말씀하셨어. 그리고 나서 예수님은 슬퍼하고 비통해하면서 제자들을 둘러보고 말씀하셨단다.

"여기에 나를 팔아넘길 자가 한 사람 있구나."

제자들은 한 사람씩 잇따라 소리쳤지.

"주님, 저입니까?"

"저인가요?"

그러나 예수님은 "열둘 가운데 한 사람으로, 이 그릇에 나와 함께 손을 넣는 자다"라고만 대답하셨지.

그때 예수님이 사랑하시던 제자 가운데 한 명이 그분의 품에 기대어 말씀을 듣고 있었는데, 시몬 베드로가 이 거짓된 자가 누구인지 그 이름을 예수님께 물어보라고 그 제자에게 손짓했어.

[그 제자가 예수님의 가슴에 바짝 기대어 "주님, 그가 누구입니까?" 하고 물었지.]

예수님은 "내가 그 그릇 안에 담가 적신 빵조각을 주게 될 자가 바로 그다"라고 대답하시고, 빵조각을 적셔서 가롯 유다에게 주시며 말씀하셨어.

"네가 할 일을 어서 해라."

다른 제자들은 이 말의 의미를 이해하지 못했지만, 유다는 그리스도께서 자신이 품은 나쁜 생각을 읽고 계셨다는 것을 알았지.

그래서 유다는 빵을 받자마자 즉시 밖으로 나갔어. 밤이었고, 그는 그 길로 대제사장에게 가서 말했지.

"내가 예수를 여러분에게 넘겨주면, 여러분은 내게 무엇을 주시겠습니까?"

그들은 유다에게 은돈 서른 닢을 주기로 합의했고, 이를 위해 유다는 곧 자신의 주님이며 스승이신 예수 그리스도를 그들의 손에 넘겨주는 일을 맡기로 했지.

9장

"일어나라, 가자!
나를 팔아넘길 자가 가까이 왔다."

유월절이 가까이 다가오자, 예수님은 베드로와 요한 두 제자에게 말씀하셨어.

"예루살렘 성으로 들어가라. 그러면 물동이를 메고 오는 사람을 만날 것이다. 그를 따라 집으로 가서 그에게 말하여라. '선생님께서, 내가 내 제자들과 함께 유월절 음식을 먹을 수 있는 손님방이 어디에 있느냐'고 했다고 말이다. 그러면 그는 가구가 딸린 큰 다락방을 보여줄 것이다. 거기서 식사를 준비해라."

두 제자는 예수님이 말씀하신 일이 그대로 일어난 것을 알고, 물동이를 든 사람을 만나 그를 따라 집으로 가서 방을 안내받았지. 그리고 식사를 준비했어. 예수님과 다른 열 명의 사도들은 평소와 같은 그 시간에 와서, 모두 함께 앉아 차려진 음식을 나누었단다.

이 식사를 언제나 '최후의 만찬'이라고 불렀는데, 그것은 예수님이 제자들과 함께 먹고 마신 마지막 시간이었기 때문이야. 그분은 식탁에서 빵을 들어 축복하시고 떼어 제자들에게 주셨어. 그리고 포도주 잔을 들어 축복하시고 마시고 제자들에게 주시며, "이것을 행하여 나를 기억하라"고 말씀하셨지. 그들은 식사를 마치고 찬송을 부르고 나서 올리브산으로 올라갔단다.

그곳에서 예수님은 그날 밤 자신이 잡힐 것이고, 제자들이 모두 자기들의 안위만 생각하여 주님을 버려두고 떠날 것이라고 말씀하셨어. 베드로는 결코 자신은 그러지 않겠다고 진심으로 말했지.

예수님은 대답하셨어.

"닭이 울기 전에, 네가 세 번 나를 모른다고 할 것이다."

**
제자들과 마지막 만찬을 가지다.

그러나 베드로가 대답했지.

"주님, 아닙니다. 제가 주님과 함께 죽는 한이 있더라도, 절대로 주님을 모른다고 하지 않겠습니다."

그리고 다른 모든 제자들도 똑같이 말했어.

그리고 나서 예수님은 기드론 시내를 건너 겟세마네라고 불리는 동산으로 제자들을 이끌어 가셨어. 그리고 그 가운데 세 명의 제자들을 데리고 동산의 한적한 곳으로 가셨지. 예수님은 다른 제자들을 앞서 남겨두셨던 것처럼 그들도 함께 남아 있으라고 하셨어. "여기서 기다려라. 깨어 있어라" 하시고 예수님은 홀로 기도하러 가셨지. 예수님이 기도하시는 동안, 그들은 피곤하여 잠이 들었어.

예수님은 그 동산에서 기도하시며, 자신을 죽이려는 예루살렘 사람들의 완악함 때문에 마음의 고통과 큰 슬픔으로 괴로워하셨지. 그분은 하나님 앞에서 눈물을 흘리시며 깊고 세찬 고뇌 속에 잠겨 있었단다.

기도가 끝나고 위로를 받으신 후, 예수님은 제자들에게 돌아와 말씀하셨어.

"일어나라, 가자! 나를 팔아넘길 자가 가까이 왔다."

유다는 그 동산을 잘 알고 있었어. 왜냐하면 예수님이 제자들과 자주 그곳을 거닐었기 때문이지. 예수님이 이렇게 말씀하신 그 순간, 유다가 대제사장들과 바리새인들이 보낸 힘센 경비대와 군인들을 대동하고 그곳에 왔어. 날이 어두웠기 때문에 그들은 등불과 횃불을 들고 있었고, 칼과 몽둥이로 무장도 하고 있었지. 사람들이 들고일어나 예수 그리스도를 지키려 할지도 모른다고 생각했기 때문이야. 그래서 그들은 낮에 예수님이 앉아서 사람들을 가르치시던 시간에는, 대담하게 그분을 붙잡기가 두려웠지.

이 경비대의 대장들은 예수 그리스도를 본 적도 없고, 둘러싸인 제자들로 인해 그분을 제대로 알아볼 수도 없었기 때문에, 유다는 이들에게 말해주었어.

"내가 입을 맞추는 사람이 바로 그 사람이다."

유다가 이 사악한 입맞춤을 하려고 다가서자, 예수님은 병사들에게 물으셨지.

"너희는 누구를 찾느냐?"

**
유다가 사악한 입맞춤을 하려고 예수에게 다가서다.

그들이 "나사렛 예수다"라고 하자 예수님이 말씀하셨어.

"그렇다면 내가 그 사람이니, 내 제자들은 여기서 자유롭게 가도록 하라. 내가 그 예수다."

유다는 "선생님, 안녕하십니까!" 하고 입맞춤하면서 그들에게 예수님을 확인시켜주었지. 그러자 예수님은 말씀하셨어.

"유다야, 네가 입맞춤으로 나를 팔아넘기는구나."

경비병은 예수님을 붙잡으려고 달려들었지. 베드로 외에는 아무도 그분을 보호하려고 나서지 않았어. 베드로는 차고 있던 칼을 뽑아 대제사장의 종들 가운데 하나인 말고의 오른쪽 귀를 잘라버렸던 거야. 예수님은 베드로에게 칼을 칼집에 넣으라 하시고, [말고의 귀를 만져서 고쳐주셨으며,] 자신을 내어주셨지. 그때 제자들은 모두 예수님을 버리고 도망쳤고, 그분과 함께 있는 것을 견딜 자가 단 한 사람도 남지 않았단다.

10장

"아버지, 저들을 용서해주소서!
저들은 자기들이 무슨 일을 하는지 모릅니다!"

잠시 후, 베드로와 다른 제자 한 사람이 용기를 내서 몰래 경비병을 따라가 대제사장 가야바의 집으로 갔어. 예수님이 끌려갔던 곳이고, 서기관들과 다른 사람들이 예수님을 심문하기 위에 모였던 곳이야. 베드로는 문 앞에 서 있었지만, 대제사장과 잘 아는 다른 제자는 집 안으로 들어갔어. 그리고 곧바로 나오면서 문지기 여자에게 베드로도 들여보내달라고 부탁했지. 그 여자는 베드로를 보며 물었어.

"당신은 제자 가운데 한 사람이 아니오?"

베드로는 "아니오"라고 대답했지. 그래서 여자는 베드로를 안으로 들여보냈어. 베드로는 거기에 지펴놓은 불 앞에 서서, 즉 불 주위로 모여 있던 종들과 군인들 사이에 서서 몸을 녹이고 있었지. 날씨가 몹시 추웠기 때문이야.

그 사람들 가운데 몇몇은 베드로에게 그 여자가 했던 것과 같은 질문을 했어.

"당신도 그 제자들 가운데 한 사람이 아니오?"

베드로는 다시 부인하며 대답했지.

"나는 아니오."

또 그들 가운데 한 사람은 베드로가 칼로 귀를 자른 그 남자와 친척인데 그는 이렇게 말했어.

"내가 당신이 동산에서 그와 함께 있는 것을 보지 못했다고요?"

베드로는 맹세하며 다시 부인했지.

"나는 그 사람을 알지 못하오."

그러자 곧 닭이 울었고, 예수님이 돌아서서 베드로를 똑바로 바라보셨어. 그러자 베드로는 예수님이 하신 말씀 — 닭이 울기 전에 그가 세 번이나 그분을 부인하리라 한 것

— 이 떠올라 밖으로 나가서 통곡했단다.

예수께 던진 여러 질문이 있는데, 대제사장은 예수님이 사람들에게 무엇을 가르쳤는지 물었어. 그것에 대해 예수님은 자신이 [숨어서 한 것이 아니라] 대낮에 길거리에서 [드러내놓고] 사람들을 가르쳤으므로, 자신에게 무엇을 배웠는지는 제사장들이 [직접] 그들에게 물어봐야 한다고 대답하셨지.

이렇게 말했다는 이유로 병사 하나가 손바닥으로 예수님을 쳤어. 그리고 두 거짓 증인이 들어오더니, 예수님이 하나님의 성전을 허물고 사흘 만에 다시 지을 수 있다고 말하는 것을 들었다고 증언했지. 예수님은 대답을 거의 하지 않으셨지만, 서기관들과 제사장들은 예수님이 신성을 모독하는 죄를 지었으므로 사형에 처해야 한다는 데 의견 일치를 보았어. 그들은 예수님을 때리고 예수님에게 침을 뱉었어.

가롯 유다는 스승이 실제로 유죄 판결을 받는 것을 보

**
채찍질을 당하다.

고, 자신이 한 일로 인해 공포에 질렸지. 그래서 대제사장들에게 은돈 서른 닢을 돌려주며 말했어.

"내가 죄 없는 피를 팔아넘겼습니다! 나는 이 돈을 갖고 있을 수가 없어요!"

유다는 이 말을 하고 나서 돈을 바닥에 내던지고 뛰어나갔어. 그리고 절망에 휩싸여 목을 매달아 죽었지. 약한 밧줄은 그 몸의 무게로 끊어져 시체는 땅에 떨어졌어. 죽은 후, 그의 몸은 온통 멍들고 터져서 보기에도 끔찍한 광경이었지.

대제사장들은 유다가 돌려준 은돈 서른 닢으로 무엇을 해야 할지 몰라서, 그 돈으로 나그네들을 위한 묘지를 샀어. 그곳의 제대로 된 이름은 '토기장이의 밭'이었지. 하지만 사람들은 그 이후로 그곳을 '피밭'이라고 계속 불렀단다.

예수님은 대제사장의 집에서 총독 본디오 빌라도가 법을 집행하기 위해 앉아 있는 법정으로 끌려가셨어. (유대인이 아니었던) 빌라도는 예수님에게 물었지.

"당신 나라의 유대인들과 제사장들이 당신을 내게 넘겼소. 대체 당신은 무슨 일을 저질렀던 것이오?"

예수님이 해를 끼친 것이 없음을 알게 된 빌라도는 밖으로 나가서 유대인들에게 그렇게 전했어. 하지만 유대인들은 말했지.

"그자가 사람들에게 진리가 아닌 것, 잘못된 것을 가르쳐왔습니다. 오래전 갈릴리에서부터 그렇게 하기 시작했습니다."

[빌라도가 이 말을 듣고서 물었어. "이 사람이 갈릴리 사람이오?"] 갈릴리에서 법을 어긴 사람들을 처벌할 권한이 분봉왕 헤롯에게 있었기 때문에, 빌라도는 이렇게 말했지.

"나는 그에게서 아무런 잘못도 찾을 수 없다. 그러니 그를 헤롯에게로 데려가라!"

그들은 예수님을 헤롯 앞으로 데려갔어. 헤롯은 근엄한 군인들과 무장한 사람들에게 둘러싸인 채 앉아 있었지. 그들은 예수님을 비웃으며 조롱하듯이 화려한 옷을 입혀서 빌라도에게 도로 보냈어. 빌라도는 제사장들과 백성을 다시 불러모아 말했지.

"나는 이 사람에게서 아무런 잘못도 찾지 못했다. 헤롯도 마찬가지로 찾지 못했다. 그는 죽임당할 만한 일을 한 것이 없다."

하지만 그들은 큰 소리로 항의했어.

"그는 그런 일을 했어요, 했습니다! 그렇습니다, 그렇습니다! 그를 죽여야 합니다."

빌라도는 그들이 예수 그리스도를 반대하며 그토록 아우성치는 것을 보고 마음이 괴로웠어. 그의 아내 역시 밤새 그 일에 대해 꿈을 꾸었고, 재판석에 앉은 빌라도에게 "저 의로운 사람에게 아무 관여도 하지 마세요!"라는 말을 전했어. [사람들의 요구에 따라] 유월절에 일부 죄수를 풀어주는 것이 관례였기 때문에, 빌라도는 예수의 석방을 요청해달라고 그들을 설득하려 애썼지. 그러나 그들은 (아주 무지하고 극렬하게, 이렇게 하라는 제사장들의 지시를 받고) 다음과 같이 말했어.

"안 됩니다. 안 되오! 우리는 예수를 풀어주지 않을 것이오. 바라바를 풀어주고 이 사람을 십자가에 못 박으시오!"

바라바는 사악한 범죄자였고, 자신의 범죄로 인해 옥에 갇혀 사형당할 위기에 처해 있던 사람이었지.

빌라도는 사람들이 그토록 완강히 반대하는 것을 보고, [폭동이 일어날까 두려워] 예수님을 군인들에게 넘겨 채찍질을 당하게, 다시 말해 매를 맞게 했지. 그들은 가시로 엮어 만든 관을 그분의 머리에 씌우고, 자주색 옷을 입히고, 침을 뱉고, 손으로 때리며 "유대인의 왕 만세!"라고 희롱했어. 예수님이 예루살렘에 입성하실 때, 따르던 무리가 그분을 다윗의 자손이라고 부른 것을 기억하고서 말이야. 그들은 여러 가지 잔인한 방법으로 예수님을 학대했어. 그러나 예수님은 참을성 있게 그 모든 고통을 견디며 말씀하셨단다.

"아버지, 저들을 용서해주소서! 저들은 자기들이 무슨 일을 하는지 모릅니다!"

빌라도는 자주색 옷을 입고 가시관을 쓴 예수님을 다시 사람들 앞에 데리고 나와서 말했어.

**
빌라도가 예수를 군중 앞에 데리고 나오다.

"보라, 이 사람이오!"

그러자 그들은 사납게 소리쳤지.

"십자가에 못 박으시오. 십자가에 못 박으시오!"

대제사장들과 군인들도 그렇게 소리쳤지. 그러자 빌라도는 그들에게 말했어.

"당신들 스스로 그를 데려다가 십자가에 못 박으시오. 나는 그에게서 아무 죄도 찾지 못했소."

그러나 그들은 큰 소리로 항의했지.

"그는 자신을 하나님의 아들이라고 말했소. 유대 율법에 따르면, 그것은 사형이오! 그리고 그는 자신을 유대인의 왕이라고 했소. 그것은 로마법에도 반하는 일이오. 로마 황제 카이사르 외에는 우리에게 왕이 없기 때문이오. 만약 그를 놓아준다면, 총독님은 카이사르의 충신이 아니오! 그를 십자가에 못 박으시오! 그를 십자가에 못 박으시오!"

빌라도가 아무리 설득해도 그들을 이길 수 없다는 것을 알자, 물을 가져오게 한 다음, 무리 앞에서 자신의 손을 씻으며 말했어.

"나는 이 의로운 사람의 피에 대하여 무죄하다."

그리고 나서 그는 예수님을 십자가에 못 박히도록 그들에게 넘겨주었지. 사람들은 소리를 지르며 (여전히 그들을 위해 하나님께 기도하시던) 예수님 주위로 몰려들어 그분을 잔인하고 모욕적으로 다루면서 끌고 나갔단다.

11 장

"아버지! 나의 영혼을
당신의 손에 맡깁니다."

사람들이 "그를 십자가에 못 박으라!"고 말할 때, 그것이 무엇을 뜻하는지 너희가 알아야 할 것 같구나. 당시는 참으로 잔혹한 시대였단다. (그 시대가 지나간 것을 하나님과 예수 그리스도께 감사하자!) 그것은 사형 선고를 받은 사람들을, 땅에 똑바로 세운 커다란 나무 십자가에 산 채로 못 박아 죽이는 관습이었어. 햇빛과 바람에 밤낮 노출되어 고통과 목마름으로 죽을 때까지 내버려두는 것이었단다. 또한 나중에 두 손이 못 박히게 될 나무 십자가를 들고 형장까지 걸어가게 하여, 수치심과 고통을 더욱 크게 하는 관습이었지.

우리의 복되신 구세주 예수 그리스도는, 널리 알려진 사악한 범죄자처럼 십자가를 어깨에 짊어진 채 핍박하는 무리에 둘러싸여 예루살렘을 떠나 '골고다'로 가셨어. 히브리어로 골고다는 '해골이 있는 곳'이란 뜻이야.

　갈보리산이라 불리는 언덕에 이르자, 그들은 그분의 손과 발에 잔인하게 못을 박았고 십자가에 매달았어. 그러고 나서 다른 두 개의 십자가 사이에 [예수님의 십자가를] 세웠는데, 양쪽 각각의 십자가에는 소문난 강도가 고통스럽게 못 박혀 있었지. 예수님의 머리 위에는 히브리어, 그리스어, 라틴어 세 가지 언어로 "나사렛 예수, 유대인의 왕"이라고 쓴 글을 — [죄패를] 고정해 달았어.

　그 사이 네 명의 경계병이 땅에 앉아서 (그들이 벗겨낸) 예수님의 겉옷을 네 조각으로 나누고 가졌고, [이음새 없이 위에서 아래까지 통째로 짠 속옷은 누가 차지할지] 제비를 뽑았어.* 예수님이 고통받는 동안, 그들은 내기를 하고 잡담

---

* 시편 22편 18절의 예언된 말씀이 성취되어야 했고, 당시 성경을 모르던 군인들은

을 하며 앉아 있었던 거야. 그들이 쓸개를 섞은 식초와 몰약을 섞은 포도주를 주었지만, 예수님은 아무것도 받지 않으셨어. 길을 지나가던 완악한 무리가 그분을 조롱하며 말했지.

"네가 하나님의 아들이거든, 십자가에서 내려와보라."

대제사장들도 조롱하며 말했어.

"죄인을 구원하러 왔으니, 자기 자신도 구원해보시지!"

[함께 십자가에 달린] 강도들 가운데 한 명도 예수님이 괴로워하실 때, 욕하며 말했어.

"네가 그리스도이거든, 네 자신과 우리를 구원해보라."

그러나 죄를 뉘우친 다른 강도는 이렇게 말했지.

"주님! 주님의 나라에 들어가실 때, 저를 기억해주십시오!"

예수님은 그에게 대답하셨어.

"너는 오늘 나와 함께 낙원에 있으리라."

예수님을 불쌍히 여긴 사람은 제자 한 명과 네 명의 여

사형수의 옷을 지니고 있으면 행운이 온다는 미신을 좇았기 때문이다.

자들 외에는 아무도 없었단다. 하나님은 그 여자들의 진실하고 온화한 마음에 복을 내려주셨어! 그들은 예수님의 어머니와 이모, 글로바의 아내 마리아 그리고 예수님의 발을 자신의 머리카락으로 두 번이나 닦아드린 막달라 마리아였지. 그 제자는 예수님이 사랑하셨던 요한으로, 예수님의 품에 기대어 누가 배신자인지 물어보던 사람이었어.

예수님은 그들이 십자가 아래 서 있는 것을 보시고, 어머니 마리아에게 자신이 죽으면 요한이 아들이 되어 위안이 되어주리라 말씀하셨지. 그리고 그때 이래로, 요한은 예수님의 어머니에게 아들과 같았고, 그분의 어머니를 사랑했단다.

제6시쯤[정오] 되자 깊고 지독한 어둠이 온 땅을 덮었고, 제9시[오후 3시]까지 그 상태가 계속되었어. 그때 예수님은 큰 소리로 외치셨단다.

"나의 하나님, 나의 하나님, 어찌하여 나를 버리시나이까?"

그 소리를 들은 병사들은 거기에 있던 신 포도주에 해면을 적셔서 긴 갈대에 꿰어 예수님의 입에 갖다 대었지. 예수님은 그것을 받고서, "다 이루었다!"라고 말씀하시며 — 그리고 "아버지! 나의 영혼을 당신의 손에 맡깁니다"라고 부르짖으시며 — 죽으셨어.

그때 무서운 지진이 일어나서 성전 벽이 갈라지고 바위들이 산산이 부서졌지. 이 광경을 보고 겁에 질린 경비병들은 서로에게 말했어.

"분명 이분은 하나님의 아들이셨다!"

그리고 멀찍이 십자가를 지켜보던 사람들(그중에는 여자들이 많았다)은 가슴을 치고, 두렵고 슬퍼하며 집으로 돌아갔단다.

다음 날은 안식일이었기 때문에, 유대인들은 [십자가에 달린] 시체들을 당장 내리기를 간절히 원하여 빌라도에게 요청했어. 그래서 병사 몇 사람이 와서, 두 강도의 다리를 꺾어서 확실히 죽이려고 했지. 그러나 예수님에게 와서는 이미 죽으신 것을 보고서 [다리를 꺾지 않고] 창으로 옆구

**
예수가 십자가에 달리자 짙은 어둠이 온 땅을 덮었다.

리를 찌르기만 했어. 그러자 그 상처에서 피와 물이 흘러나왔지.

아리마대라는 마을에 그리스도를 믿는, 요셉이라 이름하는 선한 사람이 있었지. 그가 빌라도에게 개인적으로(유대인들이 두려웠기 때문에) 가서 예수님의 시신을 내어달라고 청했어. 빌라도는 이를 허락하고, 그는 니고데모라는 사람과 함께 시신을 삼베와 향료로 감싸고 — 이런 식으로 시신의 매장을 준비하는 것이 유대인의 관습이었지 — 십자가에 달리신 곳 근처, 동산의 바위를 깎아 만든 새 무덤에 시신을 안장했단다. 거기에는 아직 사람이 묻힌 적이 없었어. 그들은 그 무덤 입구에 큰 돌을 굴려놓았고, 막달라 마리아와 다른 마리아는 거기에 앉아 그 모습을 지켜보았지.

대제사장들과 바리새인들은 예수 그리스도가 제자들에게 자신이 죽은 지 사흘째 되는 날, 무덤에서 살아나리라고 말했던 것을 기억했어. 그래서 그들은 빌라도에게 가서 그날까지 묘지를 잘 지켜달라고 부탁했지. 제자들이 시체를 훔쳐 가고서는 나중에 사람들에게 그리스도가 죽음에서 살아났다고 말하지 않도록 말이야.

빌라도는 이에 동의하고 경비병들을 계속 그곳에 세워두었고, 게다가 그 돌을 봉인까지 했어. 그리고 그 돌은 사흘째 되는 날까지, 곧 그 주週의 첫날까지 남아 있었고, 봉인된 채 경비병들이 감시하고 있었지.

그날 아침 동이 터올 무렵에, 막달라 마리아와 다른 마리아 그리고 몇 명의 다른 여자들은 좀 더 많은 향료를 준비해서 무덤으로 달려왔단다. 그들이 "우리가 이 돌을 어떻게 굴려낼 수 있을까?" 하고 서로 말하고 있을 때, 땅이 떨리고 흔들렸어. 그리고 하늘에서 내려온 한 천사가 돌을 굴려내고 그 위에 앉았지. 그 천사의 모습은 번개와 같았고 그의 옷은 눈과 같이 희었어. 지키던 사람들은 천사를 보고 두려워서, 마치 죽은 듯이 기절하고 말았단다.

막달라 마리아는 돌이 굴려져 있는 것을 보고, 더 이상

[무덤 안을] 보지는 못하고 기다리다가, 그곳으로 오고 있는 베드로와 요한에게 달려가서 말했어.

"사람들이 주님을 가져다가 어디에 두었는지 모르겠습니다."

그들은 즉시 무덤으로 달려갔는데, 요한이 더 빨리 달려서 먼저 도착했어. 그는 몸을 굽혀서 시신을 감쌌던 삼베 옷이 놓여 있는 것을 보았지만, 안으로 들어가지는 않았지. 이어 베드로가 올라와서 들어가 보니 한쪽에는 삼베 옷이, 다른 한쪽에는 머리를 싸맸던 수건이 놓여 있었어. 요한도 들어가서 같은 광경을 보았지. 그리고 그들은 집으로 돌아가서 나머지 사람들에게 이 일에 대해 전했어

그러나 막달라 마리아는 무덤 밖에 남아 울고 있었지. 잠시 후, 몸을 굽혀서 무덤 안을 들여다보니, 그리스도의 시신이 놓여 있던 자리에 흰 옷을 입은 두 천사가 [머리맡과 발치에] 앉아 있는 것을 보았어. 천사들이 마리아에게 물었지. "여자여, 왜 우느냐?" 마리아가 대답했어. "사람들이 나의 주님을 가져다가 어디에 두었는지 모르기 때문입니다." 이렇

게 대답하고 돌아섰을 때, 마리아는 예수님이 뒤에 서 계신 것을 보았지만, 그때는 그분인 줄 알지 못했지.

예수님이 마리아에게 말씀하셨어.

"여자여, 왜 울고 있느냐? 무엇을 찾고 있느냐?"

마리아는 그분이 동산지기인 줄 알고 대답했지.

"여보세요! 만약 당신이 나의 주님을 옮겨놓았거든, 어디에다 두었는지 내게 말해주십시오. 내가 그를 모셔가겠습니다."

그 순간 예수님이 "마리아야!" 하고 그녀의 이름을 정확히 부르자, 마리아가 예수님을 알아보고 깜짝 놀라서 "선생님!" 하고 소리쳤지.

예수님은 마리아에게 말씀하셨단다.

"내게 손을 대지 말아라. 내가 아직 아버지께로 올라가지 않았다. 그러나 나의 제자들에게 가서 말하여라. 내가 나의 아버지 곧 너희의 아버지, 나의 하나님 곧 너희의 하나님께로 올라간다고!"

그래서 막달라 마리아는 제자들에게 가서 그리스도를

**
천사가 빈 무덤 앞에서 두 여자에게 예수의 부활을 알리다.

보았다는 것과 그분이 자기에게 말씀하신 것을 전했단다. 마리아는 그 자리에 제자들과 함께 있던 다른 여자들도 보았는데, 그들은 마리아가 베드로와 요한 두 제자를 부르러 갔을 때 무덤에 남아 있던 여자들이었어.

이 여자들은 마리아와 나머지 사람들[제자들]에게 말했어. 자신들도 무덤에서 빛나는 옷을 입은 두 사람을 보았는데, 그들을 보고서 두려워 몸을 숙였지만 그들이 주님의 부활을 알려주었다고. 또 자신들이 이 이야기를 전하러 올 때, 길에서 그리스도를 보았고, 그분의 발을 붙잡고 그에게 경배했다고.

그러나 당시 사도들에게는 이러한 설명들이 헛된 이야기로 여겨졌고, 그들은 여자들의 말을 믿지 않았어.

경비병들 역시 기절했다가 정신을 차리고 대제사장들에게 가서, 자신들이 본 것을 보고했지. 그러나 제사장들은 그들에게 아주 큰 액수의 돈을 주면서 입을 다물라 했고, 너희가 잠든 사이에 제자들이 와서 시신을 훔쳐갔다고 말하라 했지.

그런데 바로 그날, 시몬과 글로바 — 시몬은 열두 제자 중 하나이고, 글로바는 그리스도를 따르는 사람 중 하나였지 — 가 예루살렘에서 조금 떨어진 엠마오라고 하는 마을로 걸어가면서 그리스도의 죽음과 부활에 관해 이야기하고 있었단다. 그런데 한 낯선 사람이 와서 동행하며 그들에게 성경을 설명해주고, 하나님에 대해 많은 이야기를 들려주었어. 그들은 그 사람의 지식에 놀랐지.

그들이 마을에 도착했을 때, 밤은 깊어가고 있었어. 그들은 이 낯선 사람에게 같이 묵기를 청했고, 그는 흔쾌히 동의했지. 세 사람이 모두 저녁을 먹기 위해 자리에 앉았을 때, 그가 빵을 들어 축복하고 떼어 그들에게 주었단다. 마치 그리스도께서 최후의 만찬 때 하셨던 것처럼. 그들은 놀랍게 그를 바라보며, 그의 모습이 눈앞에서 변모하여 그리스도이신 것을 깨달았어. 그들이 바라보자, 그는 한순간에 사라졌단다.

그들은 곧바로 일어나서 예루살렘으로 돌아왔어. 그리고 제자들이 함께 앉아 있는 것을 보고 그들이 본 것을 전했지. 그들이 이야기하고 있을 때, 예수님이 불현듯 무리 가운데 들어서서 말씀하셨어.

"너희에게 평화가 있으라!"

제자들이 [유령을 본 듯] 크게 무서워하는 것을 보시고 예수님은 손과 발을 보여주며 만져보라고 하셨지. 그리고 제자들에게 용기를 북돋우고 진정할 시간을 주기 위해, 예수님은 제자들 앞에서 구운 물고기 한 토막과 석청 한 조각을 드셨단다.*

그러나 열두 제자 가운데 하나인 도마는 그때 거기에 있지 않았어. 나중에 다른 제자들이 그에게 "우리는 주님을 보았소!"라고 말하자, 그는 이렇게 대답했지.

"내가 그의 손에 있는 못 자국을 보고, 내 손을 그의 옆구리에 넣어보지 않고서는 믿지 않을 것이오."

그 순간, 문들이 모두 닫혀 있었는데도 예수님이 다시 나타나 그들 가운데 서서 말씀하셨어.

* 성경에는 구운 물고기 한 토막만 먹은 것으로 나온다.

"너희에게 평화가 있기를!"

그리고 나서 도마에게 말씀하셨지.

"네 손가락을 이리 내밀어서 내 손을 만져보고, 네 손을 이리 내밀어서 내 옆구리에 넣어보아라. 그래서 믿음 없는 사람이 되지 말고, 믿는 사람이 되어라."

도마가 대답하여 말했어.

"나의 주님, 나의 하나님!"

그러자 예수님이 말씀하셨단다.

"도마야, 너는 나를 보았기 때문에 믿느냐? 나를 보지 않고도 믿는 사람은 복이 있다."

그때 이후, 예수 그리스도는 자신을 따르는 오백 명의 무리 앞에 일시에 나타나셨단다. 그리고 그들 가운데 몇 사람과 사십 일 동안 지상에 함께 머무시면서, 그들을 가르치고, 세상에 나아가 복음과 종교를 전파하라고 이르셨지. 완악한 사람들이 그들에게 무슨 짓을 하든 개의치 말고.

마침내 제자들을 예루살렘에서 베다니까지 이끄시고,

**

하늘로 올라가다.

예수님은 그들을 축복하신 다음 구름 속에서 하늘로 올라가 하나님의 오른편에 앉으셨단다. 제자들은 예수님이 사라진 밝고 푸른 하늘을 응시하고 있었는데, 그때 흰 옷을 입은 두 천사가 그들 가운데 나타나서 그리스도가 하늘로 올라가신 것을 본 그대로 언젠가 이 세상을 심판하러 하늘에서 내려오실 거라고 말했지.

그리스도가 더 이상 세상에 존재하지 않자, 사도들은 그분이 명령하신 대로 사람들을 가르치기 시작했어. 완악한 유다를 대신할 맛디아라는 이름의 새로운 사도를 뽑은 후*, 그들은 온 지방을 두루 돌아다니며 그리스도의 삶과 죽음 — 십자가에 달려 죽으심과 부활하심 그리고 그분이 가르치신 교훈 — 에 대해 전하고, 그리스도의 이름으로 세례를 주었지. 그리고 그분이 주신 능력으로 그분이 했던 것처럼 병든 자를 고치고, 눈먼 자를 보게 하고, 말 못

---

* 제자들은 가롯 유다를 대신할 사도 직분자로 "바사바라고도 하고 유스도라고도 하는 요셉과 맛디아 두 사람" 가운데 제비를 뽑아 맛디아를 선택했다(사도행전 1장 22~26절).

하는 자를 말하게 하고, 듣지 못하는 자를 듣게 해주었어.

그리고 감옥에 갇힌 베드로를 한밤중에 천사가 나타나 구해주는 일도 있었고, [땅을 판 값의 일부를 몰래 떼어놓고서 전부를 바친 것처럼] 거짓말을 한 아나니아와 그의 아내 삽비라에게 베드로가 하나님 앞에서 한 말로[즉 죄를 묻자], 그들이 땅에 쓰러져 죽은 일도 있었단다.

사도들은 어디를 가든지 박해를 받고 학대를 당했어. 사울이라 이름하는 한 남자는 그들을 해코지하는 데 언제나 적극적이었지. 그는 어떤 악랄한 사람들이 스데반이라 이름하는 그리스도인을 돌로 쳐 죽일 때, 옆에서 그들의 겉옷을 맡아 가지고 있었어.

그러나 나중에 하나님은 그 사울의 마음을 돌이키게 하셨으니, 그가 다메섹으로 가고 있을 때, — 그는 그곳에 있는 그리스도인들을 찾아내 [예루살렘의] 감옥으로 끌고 가려 했지 — 하늘에서 환한 빛이 그를 둘러 비쳤기 때문이란다.

"사울아, 사울아, 네가 어찌하여 나를 핍박하느냐!"

**
사울이 예수를 만나 회심하다.

어디선가 이 음성이 들리고, 같이 말을 타고 가던 경비대와 병사들이 모두 지켜보는 가운데, 사울은 보이지 않는 손길에 떠밀려 말에서 떨어졌어. 병사들이 사울을 일으켜 세웠을 때, 그가 눈이 멀었다는 사실을 알았지. 그래서 [그들은 다메섹으로 그를 데려갔고, 앞을 보지 못하는 상태에서] 사울은 먹지도 마시지도 않고 사흘 동안 그곳에 머물렀어. (그 목적을 위해 주님이 사울에게 보낸) 그리스도인들 가운데 한 명이 예수 그리스도의 이름으로 그의 시력을 회복시켜줄 때까지 말이야.* 그 후에 사울은 그리스도인이 되어, 사도들과 함께 설교하고 가르치고 믿음을 증거하며 많은 헌신을 했단다.

그들은 우리 구세주 그리스도에게서 그리스도인이라는 이름을 가져왔고, 그분이 십자가 위에서 수난을 당하셨기 때문에 그리스도인의 징표로서 십자가를 지니고 다녔어. 당시 세상에 존재했던 종교들은 거짓되고 야만적이었으며,

---

* 사도행전에 나오는 제자 아나니아가 환상 중에 나타난 주님의 지시를 받아 유다의 집에 머무는 사울을 찾아갔다. 아나니아가 안수하고 선포하자 사울은 다시 보게 되고 힘을 얻었다(사도행전 9장 10~19절).

사람들에게 폭력을 부추겼지. 짐승, 심지어 사람까지도 교회 안에서 죽임을 당했단다. 그들의 피 냄새가 신들을 — 매우 많은 신이 있을 거라고 생각했지 — 기쁘게 한다는 잘못된 믿음에 따라, 가장 잔인하고 역겨운 의식들이 만연했어.

그러나 이 모든 것으로 인해, 그리스도교가 그토록 진실하고 친절하며 선한 종교였음에도 불구하고 고대 종교의 사제들은 사람들을 선동하여 그리스도인들에게 할 수 있는 한 온갖 박해를 가하도록 했지. 그래서 그리스도인들은 오랜 세월 동안 목이 달리거나 잘리고, 불에 태워지거나 산 채로 매장되고, 극장에서 대중의 오락거리로 맹수에게 잡아먹히기도 했어.

그러나 그 어떤 것도 그들을 침묵시키거나 두려움에 떨게 할 수는 없었지. 그들은 그리스도인의 본분을 다한다면 천국에 갈 수 있다는 것을 알았기 때문이야. 수천만 명의 그리스도인들이 생겨나 사람들을 가르쳤고, 잔인하게 순교를 당했지만, 다른 그리스도인들이 그 뒤를 이으면서, 마침내 그리스도교는 세계의 위대한 종교가 되었단다.

기억하거라! 언제나 **선을 행하는 것**이 그리스도교임을. 심지어 우리에게 악을 행하는 사람들에게도 말이다. 우리의 이웃을 내 몸과 같이 사랑하고, 남에게 대접받고자 하는 대로 모든 사람을 대접하는 것. 온유하고 자비하고 용서하고, 그런 자질들을 마음속에 조용히 간직하며, 그 자질들이나 우리의 기도나 하나님에 대한 사랑을 조금도 자랑하지 않는 것. 항상 매사 옳은 일을 하려고 겸손하게 노력하면서 하나님에 대한 우리의 사랑을 보여주는 것. 이 모든 것이 그리스도교란다.

만약 우리가 이렇게 하고, 우리 주 예수 그리스도의 삶과 교훈들을 기억하며, 그에 따라 행동하려고 노력한다면, 우리는 하나님께서 우리의 죄와 허물을 용서해주시고 우리가 평화롭게 살다 죽을 수 있게 해주시리라는 것을 자신 있게 소망할 수 있단다.

찰스 디킨스가
자녀들을 위해 쓴 기도문

우리 주 예수 그리스도께서 제자들과 우리에게 가르쳐주신 것, 그리고 우리가 날마다 기억해야 할 것이 있습니다.

우리의 마음을 다하고 뜻을 다하고 목숨을 다하고 힘을 다하여 주 우리 하나님을 사랑하게 하소서. 그리고 이웃을 내 몸과 같이 사랑하고, 남에게 대접을 받고자 하는 대로 남을 대접하며, 모든 사람에게 자비롭고 온유하게 하소서.

우리 주 예수 그리스도께서 이보다 더 큰 계명은 없다고 말씀하셨습니다.

오, 만물을 창조하시고, 지으신 모든 피조물에게 너무나 친절하고 자비로우신 하나님. 선하시고 또 선함을 받으시기에 합당하신 하나님.

사랑하는 아빠와 엄마, 형제와 자매들, 그리고 모든 친척과 친구들을 축복해주세요. 저를 착한 아이가 되게 하시고, 결코 버릇없이 굴지 않게 하시며 비겁하고 부끄러운 거짓말을 하지 않게 해주세요. 저를 돌봐주는 보모와 가정부에게 친절히 대하게 하시고, 거지와 가난한 사람들에게 상냥하게 하시며, 말 못하는 어떠한 생명에게도 잔인하지 않게 해주세요. 만일 제가 어느 것에도, 심지어 그것이 하찮은 작은 파리라고 해도 잔인하게 다룬다면 선하신 하나님은 저를 사랑하지 않으실 거예요.

오늘 밤, 그리고 영원히, 우리 모두를 지켜주시고 축복해주시기를 우리 주 예수 그리스도의 이름으로 기도합니다. 아멘.

아이의 마음으로 예수를 읽다
(추천의 글)

 19세기 영국의 대문호 찰스 디킨스는 작품성과 대중성을 두루 갖춘 사회 소설들을 써내며 한 시대를 풍미했다. 그는 급속히 발전한 자본주의 영국 사회의 어두운 현실을, 수많은 인물 군상이 만들어내는 이야기 안에서 생생히 그려냈다. 거의 모든 소설에 가난하고 고통받는 사람들이 등장하는데, 그 자신이 누구보다 빈곤과 가혹한 노동에 내몰린 서민들의 삶을 깊이 이해하고 공감했기 때문이다. 당시 사람들은 뉴스를 접하듯 디킨스의 소설을 읽으며 사회를 알았다. 그래서 디킨스가 죽은 뒤 묘비에는 "가난하고 고통받고 박해받는 사람들의 지지자"라고 새겨졌다.

디킨스는 어린 시절 불우했다. 해군 경리국 직원이던 아버지가 거듭된 빚 문제로 감옥에 갇히고 가세가 기울면서, 그는 공부할 기회도 없이 열두 살 때부터 구두약 공장에서 일했다. 이 일은 어린 그에게 깊은 상처를 남긴 한편, 훗날 작가에게는 문학적 자양분이 되기도 했다.

그는 열다섯 살에 법률 사무소의 사환으로 사회생활을 시작해, 속기술을 배우는 등 어려운 중에도 공부하며 스무 살에 법원과 의회를 출입하는 기자가 되었다. 이때부터 여러 잡지와 신문에 기사를 쓰고 글을 연재하면서, 사회를 분석하는 시각과 필력을 쌓아간다. 몇 년이 지나『올리버 트위스트』(1938)로 일약 문명을 떨치고, 이후 전업 작가로 30년 이상 오늘날 우리에게 잘 알려진『크리스마스 캐럴』『데이비드 코퍼필드』『어려운 시절』『두 도시 이야기』『위대한 유산』등 명작들을 쉼 없이 발표했다. 디킨스의 생애는 마치 자신이 창조해낸 소설의 많은 주인공처럼 역경을 이겨내고 자수성가한 삶의 전형을 보여주는 듯하다.

『예수 이야기』The Life of Our Lord는 디킨스의 많은 작품과 완전히 구별되는 책이다. 소설이 아닌 것은 물론 대중을 염두에 두지도 않았고 출판할 생각도 없었다. 자녀들을 위해 지극히 개인적인 목적에서 썼을 뿐이다. 그래서 이 책은 디킨스 자신이 출판을 금지했고, 1870년 그가 죽고 나서도 오랜 세월이 지난 1934년에야 마지막으로 출판되었다.

디킨스가 눈에 띌 만한 기독교적인 인물은 아니었다고 해도, 그의 삶에 기독교적인 영향은 언제나 존재했다. 디킨스는 친구인 데이비드 맥레이David Macrae 목사에게 보낸 편지에서 "내가 가장 강력하게 묘사하는 예들은 모두 신약성경에서 비롯된 것이다"라고 했고, 디킨스의 낭독 여행을 전담했던 극장 경영자 조지 돌비George Dolby는 "신약성경은 그가 가장 많이 읽은 책 중 하나였고, 그의 삶에서 유일하게 변함없는 지침으로 삼는 것이었다"라고 회상했다.

디킨스는 불우했던 어린 시절 독서를 가르쳐주고 친절을 베푼 성공회 목사들에게 감화를 받아 기독교에 이끌렸다. 그가 작품 안에서 성직자들을 빈번히 비판했지만, 그것은 근본적으로 아이들을 비롯해 빈곤과 질병과 노동에 시달리는 약자에 대한 기독교의 사회적 정신과 역할을 드러내기 위함이었다. 그는 당대 성직자들이 교리 논쟁에 매몰되어 시간을 허비하기보다 조금이라도 실제적인 선행을 실천하기를 촉구했다. 디킨스는 평생 43개가 넘는 자선 단체에 기부했고, 부유한 사람들의 기부를 독려했다.

디킨스는 자신의 기독교적인 지향을 자녀들에게도 고스란히 전해주고자 했다. 예수의 가르침이 자녀들에게 줄 수 있는 가장 좋은 선물이며 가장 귀한 유산이라고 생각했다. 그는 복음서에 나오는 예수의 삶을 아버지가 자녀에게 이야기하는 형식으로 기술했다. 복음서의 정신을 간직하면 어떤 시대 어떤 환경에 처하든 올바르게 살 수 있다고 믿었기 때문이다. 디킨스는 『예수 이야기』 안에서 사랑, 변화, 자선, 저항이라는 네 가지 주제를 강조한 듯하다.

무엇보다 중심은 사랑이다. 하나님은 세상을 사랑하셨기 때문에 죄의 굴레에서 인간을 구하려고 아들 예수를 보내셨다. 예수도 하나님을 사랑하고 이웃을 사랑하는 것이 가장 중요한 계명이라고 가르쳤다. 그분이 이 땅에서 행한 모든 일과 기적은 사랑으로 한 것이었다. 디킨스는 이 책을 끝내며 말한다.

"기억하거라! 언제나 선을 행하는 것이 그리스도교임을. 심지어 우리에게 악을 행하는 사람들에게도 말이다."

디킨스는 사람이 변화될 수 있다고 말한다. 예수를 만나면 나쁜 사람이 좋은 사람으로, 멸망할 사람이 구원받은 하나님의 자녀로 변할 수 있다. 예수가 이적을 일으키고 사람들을 고친 것은 그분 편에서는 '사랑'이지만, 우리 편에서는 '변화'다. 『크리스마스 캐럴』의 교활하고 인색하고 탐욕스러운 스크루지 영감은 성탄절을 축하하고 기뻐하는 선한 사람이 된다.

디킨스는 고통 속에 있는 사람들을 동정하고 불쌍히 여겨 자선을 베푸는 예수를 말한다. 이 세상에는 죄, 환란, 질병 같은 이유로 절망 가운데 있는 사람들이 많다. 예수는 그들의 아픔을 이해하고 위로한다. 당시 유대인 지도자들은 나병에 걸린 사람들을 멸시했지만, 예수는 그들에게 다가가 손을 대고 치유한다. 디킨스 역시 작품 속에서 가난하고 억압받는 사람들을 연민 어린 시선으로 그려내고 있다. 그 시절 산업혁명의 여파로 빈부격차가 생기면서 도시에는 가난한 노동자들이 무수히 생겨났다.『올리버 트위스트』에는 빈민들의 비참한 생활상이 잘 묘사되어 있다. 우리가 예수의 긍휼한 마음을 생각할 때,『예수 이야기』를 쓴 디킨스의 뜻을 잘 이해할 수 있을 것이다.

디킨스는 악을 깨뜨리는 예수를 이야기한다. 예수는 죄인들까지도 용서하고 사랑으로 품었지만, 불의와 죄악, 특히 당시 종교 지도자들의 위선과 타락과 거짓을 책망했다. 그들은 예수를 대적하고, 모함하고, 덫을 놓아 죽이려고 한 사람들이었다. 예수의 죽음과 부활과 승천 이후 그리스도인들을 박해한 사람들이기도 했다. 디킨스는 아이들에게 오랜 세월 수많은 그리스도인이 순교를 당했지만 신앙을 지키고 불의에 저항함으로써 마침내 그리스도교가 세계에서 가장 위대한 종교가 되었다고 말한다.

디킨스는 이 책에서 자녀들에게 높은 지위에 있더라도 누구에게나 친절히 대할 것, 비록 악을 행한 사람이라도 선을 행할 것, 대접받고 싶은 대로 남을 대접할 것, 힘이 있는 대로 자비를 실천하기를 당부한다. 이 모두를 아우르는 그리스도의 사랑을 가르치고자 했다.

그는 작가답게 아이들의 눈높이에 맞춰 '교리'보다는 '이야기'에 명확한 강조점을 두고 예수의 생애를 쉽고 간결하게 재구성했다. 자상한 문장 안에 말씀과 교훈을 온전히 실어 전달하려는 그의 마음이 느껴진다.

부모가 자녀에게 전해줄 수 있는 최고의 유산은 신앙의 유산이다. 선악의 기준이 모호하고 그 중심이 흔들리는 세상이다. 우리가 먼저 이 책을 아이와 같은 마음으로 읽고 우리의 아이들과 함께 읽으면 좋겠다. 그리스도인이 아니더라도 예수가 누구인지 궁금한 이들이 읽으면 더욱 좋겠다. 주의 말씀은 '내 발의 등이요, 내 길에 빛'이므로.

노치준 목사 · 종교사회학자

민혜숙

연세대학교 불문과를 졸업하고 같은 학교 대학원에서 박사학위를 받았다. 대원여고와 대원외고에서 불어를 가르쳤고 1994년에 『문학사상』 중편소설에 당선되어 소설가가 되었으며 전남대학교 대학원 국문과에서 다시 박사학위를 받았다. 전남대학교, 호남신학대학교에서 강의했으며, 남원 용북중학교에서 교목을 지냈다. 지금은 광주에서 목사인 남편과 교회를 개척하여 목회에 전념하고 있다.

펴낸 책으로는 『중심의 회복을 위하여』(2014), 『세브란스 병원 이야기』(2014), 『돌아온 배』(2018), 『몽유도원』(2024) 등의 저서가 있고, 사회학자 에밀 뒤르켐의 『종교생활의 원초적 형태』(2020), 『사회학적 방법의 규칙들』(2021), 『도덕 교육』(2024)을 비롯해 다수의 역서가 있다.

찰스 디킨스의 예수 이야기

1판 1쇄 발행일 2025년 7월 10일

지은이 | 찰스 디킨스
옮긴이 | 민혜숙
펴낸이 | 박희진

편 집 | 안신영
디자인 | 김선미
등 록 | 제2020-000136호
주 소 | 10517 경기도 고양시 덕양구 행신로 143번길 26, 1층
전 화 | 031-979-2996
이메일 | ireunbibooks@naver.com
페이스북 | facebook.com/ireunbibooks
인스타그램 | @ireunbibooks

ISBN 979-11-982850-5-8 03230

책값은 뒤표지에 있습니다.
파본은 구입하신 서점에서 바꾸어드립니다.
무단 전재와 복제를 금합니다.

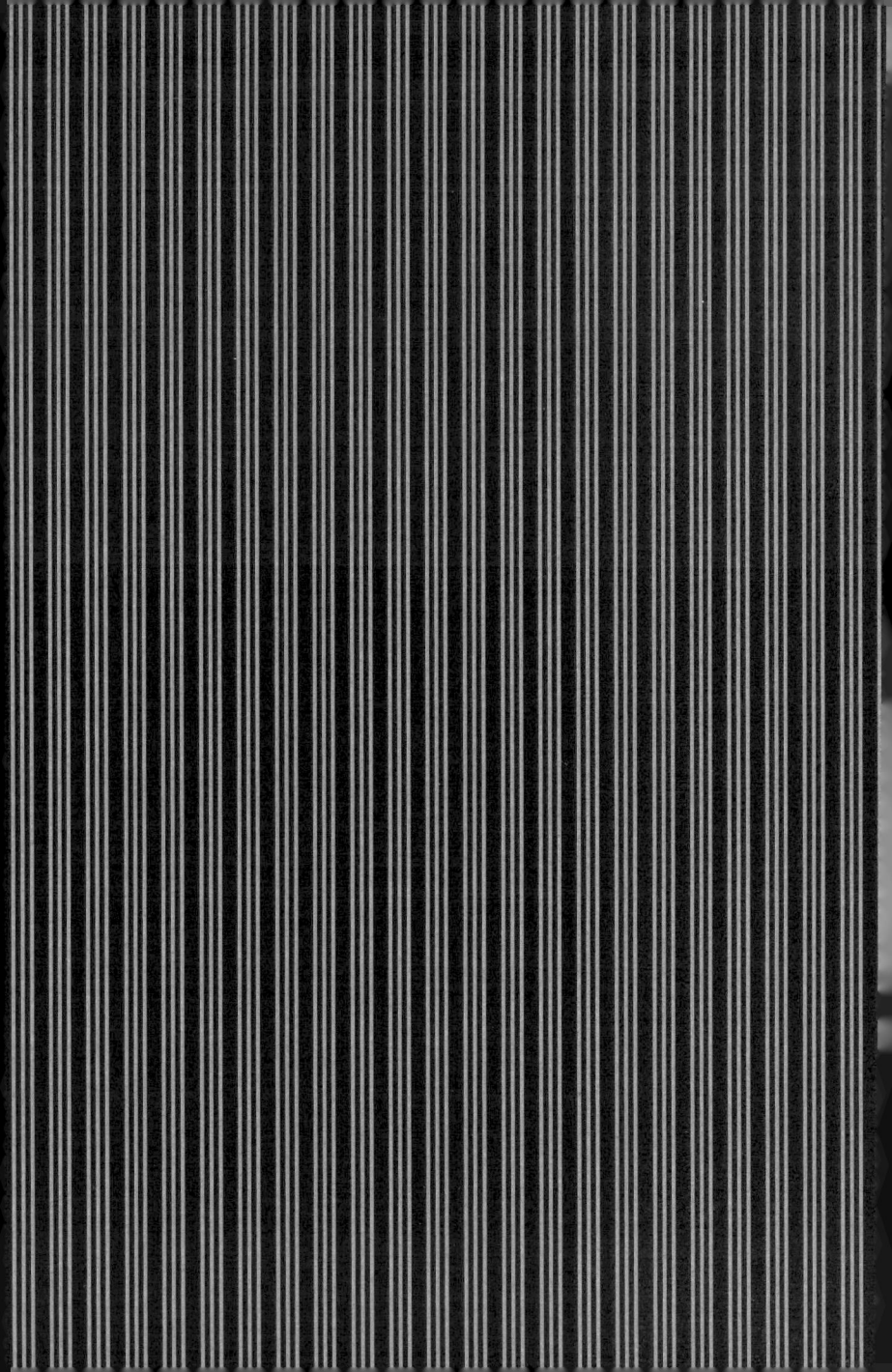